地球之最

崔钟雷 主编

JM 吉林美术出版社 | 全国百佳图书出版单位

图书在版编目（CIP）数据

地球之最/崔钟雷主编.—长春：吉林美术出版社，2010.10（2022.1重印）

（小书本大世界）

ISBN 978-7-5386-4736-5

Ⅰ.①地… Ⅱ.①崔… Ⅲ.①科学知识-青少年读物 Ⅳ.①Z228.2

中国版本图书馆CIP数据核字（2010）第185732号

书　　名：地球之最

策　　划　钟　雷
主　　编　崔钟雷
副 主 编　刘志远　芦　岩　杨亚男
出 版 人　赵国强
责任编辑　栾　云
开　　本　787×1092毫米　1/16
字　　数　100千字
印　　张　11
版　　次　2010年10月第1版
印　　次　2022年1月第4次印刷

出　　版　吉林出版集团
　　　　　　吉林美术出版社
发　　行　吉林美术出版社图书经理部
地　　址　长春市人民大街4646号
　　　　　　邮编：130021
电　　话　图书经理部：0431-86037896
网　　址　www.jlmspress.com
印　　刷　北京一鑫印务有限责任公司

ISBN 978-7-5386-4736-5　　定价：35.80元

前言 QIAN YAN

广阔的宇宙如此浩瀚，有太多的谜团吸引我们好奇的心；纷繁的世界如此丰富，有太多的精彩诱惑我们明亮的眼睛。

在快节奏的现代生活里前行，我们有时需要静下心来翻开一本书，让疲惫的精神在知识的家园里徜徉。“小书本大世界”这套丛书，便可以满足我们的需要。

本系列丛书编入了人们最感兴趣的话题，并且图文并茂，图说新颖。未解之谜包含了自然、社会、历史众多的悬疑奇案，《动物世界》展现了各种动物的千姿百态，《十万个为什么》解答了大千世界的种种疑问，《88位中外名人故事》演绎了各位名人成才的艰辛历程，《地球之最》涵盖了人类家园的最新知识。

小小的书本里面蕴藏着一个大大的世界，在小书本里面，可以汲取无尽的知识，可以开阔狭窄的视野，还可以带来心灵上的轻松和愉悦。那么，让我们快速打开这套书，享受其中的乐趣吧。

编　者

目录 MU LU

动物之最

植物之最

天文地理

科学技术

人文社会

地球之最

动物之最

风光绮丽的大自然中生活着形形色色的动物，它们以自己独特的方式演绎着生命的精彩，让人们在惊叹之余生出无限的感慨。

最大的史前动物——恐龙

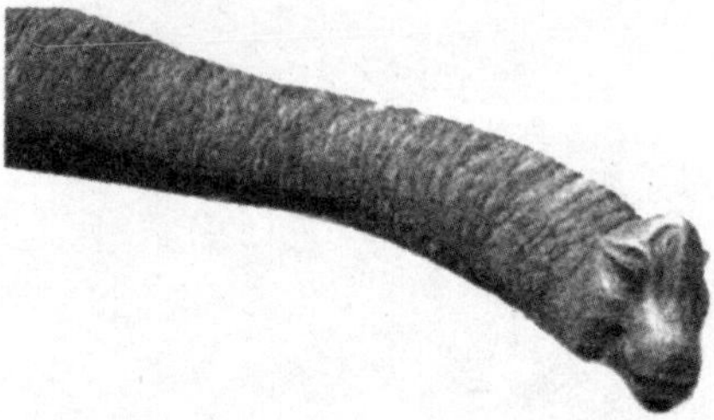

在遥远的中生代，地球被恐龙统治着。在那个时代，地上、水里、空中，到处都是恐龙的身影。陆地上有雷龙、剑龙、暴龙等；水中有长颈龙、鱼龙等；天上飞着翼龙、嘴口龙等。恐龙根据习性的不同又可分为食草恐龙和食肉恐龙。一般来说食草恐龙的体形比较大：如雷龙，体重最多可达 5 万千克，它有着树干一样粗壮的腿，脖子直起来有 7 层楼房高；再如震龙，已知的最大的震龙身长有 52 米，身高可以达到 18 米，体重 13 万千克左右，震龙行走时，地面会像地震一样颤抖。食草恐龙虽然体积很庞大，性情却比较温和，以森林中的植物为食；食肉恐龙虽然体积比较小，但是却非常凶猛，比如霸王龙就可以杀死比自己体积庞大得多的食草恐龙。

和人类亲缘关系最近的动物——黑猩猩

和人类最具亲缘关系的动物当属黑猩猩，它们和人类有着共同的祖先，它们和人类有近99%的基因是完全相同的。黑猩猩主要生活在非洲撒哈拉沙漠以南、刚果河以北的热带雨林和草原的边缘地区，它们以植物的果实、鲜叶和嫩芽为食，也吃昆虫和小动物。黑猩猩动作十分敏捷，善于爬树和行走，其寿命一般为35年~40年。黑猩猩性情温顺，喜欢群居，但组成的群体不是固定的，来去自由。黑猩猩能用许多不同的声音，各种各样的姿势和手势来表达它们复杂的思想感情，它们表情丰富，有很多和人类很相像的表情。

黑猩猩聪明伶俐，生性好奇，会使用简单的工具，能进行简单加工。经过训练，黑猩猩可以学会一些符号语言和手势，还可以表演比较复杂的技艺，像扫地、骑自行车等，对工具和机械的操作也有很强的领悟力。据测定，黑猩猩的智力水平相当于两三岁的小孩。

最聪明的动物——海豚

世界上最聪明的动物是海豚，它比人类的近亲黑猩猩还要聪明。黑猩猩要经过几百次训练才能学会的动作，海豚经过二十几次的训练就能学会。海豚和黑猩猩同时学会一种游戏之后，中断十几个月的排练，黑猩猩就不会重复这种游戏了，海豚却仍然记得。经研究发现，海豚的大脑占身体重量的比重仅次于人类，并且脑子上有很多较深的沟回，脑的面积很大，脑细胞也很发达。海豚能很容易学会各种高难度动作，如打乒乓球、钻火圈、拖小船，以及开关电源等，是非常著名的杂技演员。海豚能够发出超声波，然后根据声波的反射确定周围物体的位置，不仅能迅速发现目标，而且可以把两个非常相似的物体区分开。海豚性情温

顺，喜欢接近人类，是人类的好朋友，在生活中海豚救人的故事也曾发生过很多次。

最长寿的动物——海龟

世界上寿命最长的动物是海龟。据《世界吉尼斯纪录大全》记载，寿命最长的海龟活了152岁，不过据说最长寿的海龟可以活到三百多岁。海龟长得大而笨重，脑袋很小，脚很短，腹部和背部都有坚韧的龟甲保护，遇到危险，它就把头和脚缩进壳里，这样一般的动物就拿它毫无办法了。海龟食量很大，行动缓慢，据说它可以整整6年不吃东西还依然存活。这些都是海龟的长寿秘诀。海龟的年龄可以用龟甲上的同心环纹来计算，像树的年轮一样，每一圈代表1岁。有些同心环纹模糊不清的海龟或年老的海龟，只能大概估计它们的年龄了。海龟属于爬行动物，具有洄游习性，它在食物丰富的海域生长，然后返回到出生时的沙滩上产卵。两亿多年前海龟就出现在地球上了，从中生代直到现在，海龟和两亿多年前的原始体形基本相同，是著名的“活化石”。

冬眠时间最长的动物——睡鼠

睡鼠因有冬眠习性而得名。睡鼠身体很小，有些种类像胖胖的松鼠。它们白天在树洞或丛林中睡觉，晚上到外面找食物，主要以浆果、坚果、谷粒等为食。睡鼠吃东西时的姿态和松鼠非常像，用爪子捧着食物送到嘴里。睡鼠感觉敏锐，行动灵巧，一旦发现有什么风吹草动，就立即爬上树顶。温带睡鼠夏天在树上筑巢，冬天则在树洞中冬眠。睡鼠冬眠前吃很多食物，身体变得很胖，每年 10 月入睡以前，它们已经将体重增加了 1 倍。睡鼠冬眠时蜷成一团，体温降到 1℃，身体变得僵硬，没有任何反应，即使把它们当做皮球滚来滚去，它们也不会被弄醒，而且它们一睡就是六个多月，“睡鼠”这个名字真是名副其实！

北极最聪明的动物——北极狼

在北极的因纽特人眼中，北极狼是一种温和善良的动物。北极狼皮毛雪白，身长 1 米~1. 5 米，尾长为 30 厘米~48 厘米。它两耳直立，四

肢强健，喜欢过群居生活。北极狼也和其他狼一样，是典型的肉食性动物，主要以驯鹿和麝牛等大型动物为食，当然也不会放过旅鼠等小动物。北极狼在捕捉猎物时具有极高的组织性，一般先由强壮的雄狼锁定目标，目标多为年幼体衰的动物，其他的狼针对目标从不同的方向逐渐缩小包围圈，时机一到，便突然发起进攻，穷追不舍。追击时，北极狼会分成几个梯队，轮流作战，直到捕获成功。

北极狼对自己的后代照顾得无微不至。母狼在幼狼出生后，几乎是寸步不离地守护在幼狼身边，把食物细细地嚼碎后喂给小狼，等它们长出锐利的牙齿时，母狼则会让小狼直接吃肉或是半死的小动物，小狼经过一段时间的训练，很快就跟母狼学会了怎样去捕食。

北极圈之王——北极熊

在北极一年中有一半的时间见不到太阳，是地球上最寒冷的地区，外表温驯、性情凶狠的北极熊就生活在这里。北极熊寿命一般是三十多年，体长 3 米~5 米，它是熊类中体形最大的动物，体重在 150 千克~500 千克之间，最大的甚至可以达到 700 千克。与它们庞大的身体不相

称的是，北极熊的耳朵和尾巴都极小，这是为了减少身体的表面积，保持体温。北极熊全身长了一层浓密雪白的皮毛，同北极的冰雪融为一体，因而它们在捕食的时候不易被猎物发现。北极熊厚厚的皮毛使它们能够抵御北极的严寒，它们的毛其实是透明的，由于反射太阳光，所以看起来是白色的，这种皮毛有助于吸收太阳光的能量进而转化为维持北极熊体温的能量。除了鲸鱼和人类，北极熊几乎没有天敌，因而它被称为“北极圈之王”。

北极熊的食量很大，为了四处觅食总是要走很远的路。它们每天都在寻找食物，为了捕食海豹，北极熊经常会守在一个冰洞边等上好几个小时。因为冬天海面被冰封后，海豹只能依靠冰上的通气孔来呼吸，只要海豹从冰洞中一探出头，北极熊便迅速地用前肢一掌将其头骨打碎，然后将海豹拖出水面，这样，海豹就成了北极熊的美味佳肴了。

企鹅王国中的巨人——帝企鹅

帝企鹅是企鹅王国中体形最大的，也因此成为南极的象征性动物。帝企鹅一般身高1.2米，体重可达40千克~50千克。它们的脖子上长着黄色的“领结”，后背像穿着黑色的“燕尾服”，憨态可掬。夏季，帝企鹅主要生活在海上，它们在水中捕食、游泳、嬉戏，这段时间它们会吃饱喝足，把身体养得肥肥壮壮的，迎接冬季繁殖季节的到来。4月份，南极就进入初冬了，帝企鹅从水中爬上岸，开始寻找伴侣，繁衍后代。

帝企鹅寻求配偶的方式颇为有趣，假如两只雄企鹅同时爱上了一只雌企鹅，它们会为争夺配偶而斗得面红耳赤，遍体鳞伤。败者夹着尾巴灰溜溜地离去；胜者则手舞足蹈地迅速奔到恋人身边，嘴对着嘴，胸贴着胸，紧紧依偎在一起。同样，两只雌企鹅为争夺一个丈夫，也会发生类似的情景。雄企鹅也是世界上最模范的丈夫，在南极冬季-40℃～-60℃的低温下，雌企鹅产下一枚蛋后，雄企鹅就把蛋放在蹼上，将厚厚的肚子压在上面，两只脚来回地移动来保持蛋的温度。如此坚持两个多月不进食，冬季过去后，雄企鹅往往要因此减少40%的体重。

极地中最善潜水的动物——海豹

海豹生活在北极和南极地区寒冷的海滨和巨大的浮冰上。海豹善于游泳和潜水，但它们并非是完全的水中动物，因为它们在必要的时候会返回陆地产下它们的幼崽。上岸后的海豹不能行走，只能在海岸上爬行。它们凭借巨大的鼻孔，能够在水面上进行快速呼吸，吸取大量的氧气，这就使得它们在水下猎食或者逃避捕猎者时，可以长时间不露出水面。北极熊是海豹的天敌。每当海豹从冰洞中探出头来快速呼吸时，凶猛的北极熊便迅速用前肢将其头盖骨打碎，然后把它们拖出水面吃掉。可怜的海豹就这样成了北极熊的美食。

北极的庞然大物——海象

海象主要生活在欧亚大陆、北美洲和北极海域的巨大浮冰上，它们的体长可达3米~4米，重一千多千克，体表有许多褶皱，长着浅红色的短毛，随着年龄的增加，短毛会逐渐稀少，它们有厚厚的皮下脂肪，能抵御寒冷刺骨的海水。海象最显著的特征就是它那对又白又长的牙，这也是它们赖以生存的武器。虽然海象胆子很小，但是如果遇到北极熊的袭击，它们也会勇敢地进行反击，这时长牙就是它们自卫的武器。海

象还依靠它们的长牙把自己庞大而笨重的身躯弄到海岸或浮冰上去，它们的长牙在水下像一副耙子，用来挖掘海底的贝类，并以此为食物。海象喜欢成群结队地在海边晒太阳睡懒觉，一旦有敌人靠近时，它们就马上进入海中，迅速游走。

再生能力最强的环节动物——蚯蚓

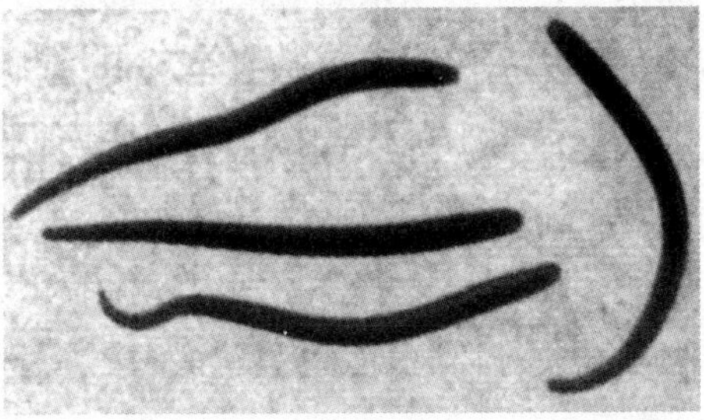

蚯蚓的身体一般呈褐色，细长。圆柱形的身体由许多环节组成，头尾比较尖，除前两节外，其余体节上都长着刚毛。蚯蚓是耕耘土壤的“功臣”，它们凭借刚毛支撑身体伸缩运动，在土里钻来钻去，使土壤变得疏松，从而促进农作物的生长。蚯蚓喜欢温暖、湿润、阴暗的环境，喜欢安静。蚯蚓白天一般在潮湿、通气性能良好的土壤中栖息生存，用皮肤吸收水中溶解的氧气，夜晚出来活动觅食，在白天的雨后也常常能看到它们钻出地面来透气。蚯蚓吃腐烂的落叶、枯草、禽畜粪、人类的生活垃圾等许多有机物质，因而具有处理有机废物、净化环境的作用。蚯蚓被切断后可以再生，甚至还能互相移植，这也是它们最神奇的生命现象，表现了蚯蚓极强的生命力。

最大的两栖动物——大鲵

大鲵是世界上最大的两栖动物，主要生活在中国境内，最长的差不多有两米。大鲵的头宽阔扁平，头顶上有两只绿豆似的小眼睛。嘴很宽大，里边密密地长着锋利的小牙。大鲵的身体和头一样宽而扁，尾巴侧面是扁的，末端是圆形的。大鲵全身光滑湿润，皮肤呈棕褐色，上面有很多各种形状的乌褐色斑，它借助躯干和尾巴的晃动前进。大鲵看上去像条鱼，却有 4 条肥短的腿，前肢有四指，后脚有五趾，有点蹼。大鲵喜欢生活在水温低、深潭较多的清澈溪流中，白天潜伏在岩洞、土穴中，夜里出来寻找食物。它的叫声很像婴儿的啼哭声，因而被人们叫作娃娃鱼。大鲵生活在水温很低的山溪中，到了冬天，在无法抵御严寒时也会冬眠，每年由初冬到第二年春天，大约四五个月的时间卧在洞里不吃不动，新陈代谢也变得非常缓慢。

最会变色的蜥蜴——避役

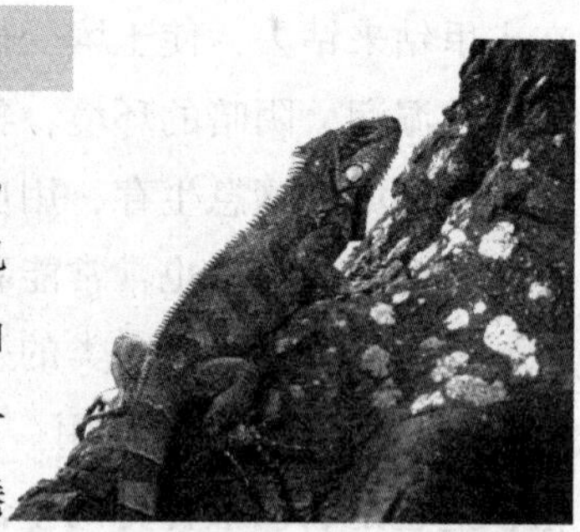

避役俗称变色龙，主要生活在非洲，特别是马达加斯加岛，亚洲和欧洲南部也有分布，多出现在热带雨林和大草原，山区也有。作为一种爬行动物，避役体长一般 17 厘米~25 厘米，身体扁平，尾巴常蜷

曲着，眼睛凸出，可以自由转动，分别看不同方向的目标，舌头很长，有黏性，能伸出口外粘住飞虫。避役喜欢栖息在树上，用脚趾紧紧地抓住树干，尾巴可以缠绕。它们白天活动，以昆虫为食，也吃较小的动物，不过行动缓慢。当外界的光线、温度发生改变或受到惊吓时，避役会变成绿色、黄色、米色或深棕色，常带浅色或深色斑点，这是因为避役的皮肤里有多种色素细胞，这些细胞由神经系统控制着，当细胞内的色素扩散或集中时，避役皮肤的颜色就会因此发生变化。

最大的爬行动物——咸水鳄

咸水鳄是鳄鱼的一种，生活在温暖湿润的海滨，它是世界上最大的爬行动物。它外形像蜥蜴，一般身长 4 米～5 米，头部扁平，嘴很长，长尾巴，身上有鳞片，短短的四肢长在身体两侧。人类所知道的最大咸

水鳄有8米多长，生活在澳洲北部。咸水鳄在陆地上爬行时行动迟缓，在水下却十分灵活，它游泳时四肢紧贴身体，从头到尾像波浪似的摆动。它们还可以前肢垂直向上，头部向下进行潜水。在沿海生活的咸水鳄以蟹、水鸟、海龟、蛇和虾等为食。咸水鳄上下颌的力量非常强大，很容易把猎物咬死。对付较大的猎物时，咸水鳄用牙齿将猎物上下刺穿，牢牢控制住猎物，然后迅速潜入水里不停地打滚，把猎物淹死。巨型的咸水鳄不仅吃小袋鼠、猫、狗和猪等动物，有时还吃人，是极具危险性的一种动物。

最小的爬行动物——雅拉瓜壁虎

世界上最小的爬行动物是一种小壁虎，生活在加勒比海沿岸、英国维尔京群岛中的维尔京戈德岛上。1964年8月人们在7天内共发现了15条这样的壁虎，其中最大的3条从吻尖到肛门仅长1.8厘米，而尾巴和身体的长度差不多。还有比这更小的壁虎，一条快要发育成熟的雌性壁虎，从吻尖到肛门仅有1.7厘米长，尾巴也是同样的长度。1966年3月15日，人们在海地岛发现了这只最小的壁虎。过去数百年内，在这个岛屿进行动植物考察的人们都没有发现如此之小的爬行动物。科学家将它命名为雅拉瓜壁虎。雅拉瓜壁虎主要吃蚂蚁、蜘蛛和土壤中的一些小虫，属于加勒比壁虎中的一种。

加勒比海各岛屿长期以来都以出产世界微小生物而著称。在这里还

发现了一种身长只有1厘米的青蛙，不过青蛙属于两栖类，不是爬行类，所以这种微小壁虎仍然是最小的爬行动物。由于它极其罕见，现在已成为一种濒危动物。

最快的爬行动物——黑毒蛇

陆地上“爬”得最快的蛇是非洲的黑毒蛇。它又细又长，在平地上每小时可爬行16.09千米~19.3千米，即“百米成绩”为22.37秒~18.66秒，快得如离弦之箭。在陆地测量到速度最快的爬行动物是一种六线蜥蜴。1941年有一辆汽车追赶美国南卡罗来纳州的麦克库米克附近的一只蜥蜴时，这只蜥蜴的速度竟达28.97千米/小时。

脚最多的动物——千足虫

千足虫又叫马陆，是一种陆生节肢动物。它的身体由头和躯干两部分组成，其体形呈圆筒形或长扁形，头上的触角粗而短；躯干由体节构成，多达几百节。其中第一节无足，2节~4节每节一对足，其余每节都有两对足。在北美巴拿马山谷里有一种大马陆，全身有175节，690只足，是世界上已知的具有最多足的节肢动物。

不过，千足虫这么多足并不是天生就这样的。其幼虫生下时只有7节，蜕皮一次增至11节，有7对足；二次蜕皮后增至15节，有15对足；多次变态发育以后，体节逐渐增多，足也越来越多。千足虫还有其他的种类，不过它们的身体较小，一般仅有2毫米长；与大马陆相比，它们的足也少得多。行走时，千足虫左右两侧足一起运动，前后足依次前进，呈波浪形前进，非常具有节奏感。虽然千足虫的足很多，但却是行动极其缓慢的一种动物。

最原始的哺乳动物——鸭嘴兽

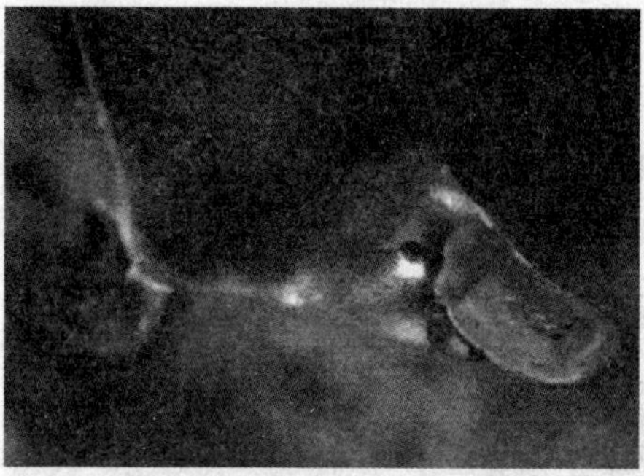

地球上最原始、最低等的哺乳动物是生活在澳洲东部的鸭嘴兽。鸭嘴兽的祖先早在1.8亿年前的侏罗纪时期就出现了，而且分布很广。许多古老的动物都已经灭绝了，但是鸭嘴兽却很幸运地存活下来。鸭嘴兽是一种半水栖的珍稀动物，嘴扁平和鸭子很像，但可以弯曲，耳朵没有耳壳，胖胖的身体外面覆盖着一层褐色的毛，不会被水弄湿。大尾巴扁平而又有力，起着舵的作用。四肢又短又粗，趾间有蹼。在陆地上的时候，它会把蹼合起来，进水中以后，就会把蹼展开，像是几个大桨。鸭嘴兽擅长游泳，能捕食昆虫和其他一些生活在水中的小动物。在水下，鸭嘴兽闭上眼睛，用它那柔软而敏感的嘴在泥浆里掏摸着找寻食物。鸭嘴兽和爬行动物、哺乳动物、鸟类都有相似点。鸭嘴兽是唯一生蛋孵出幼仔的哺乳动物，是从鸟类到哺乳类之间的过渡型动物，具有十分重要的研究价值。

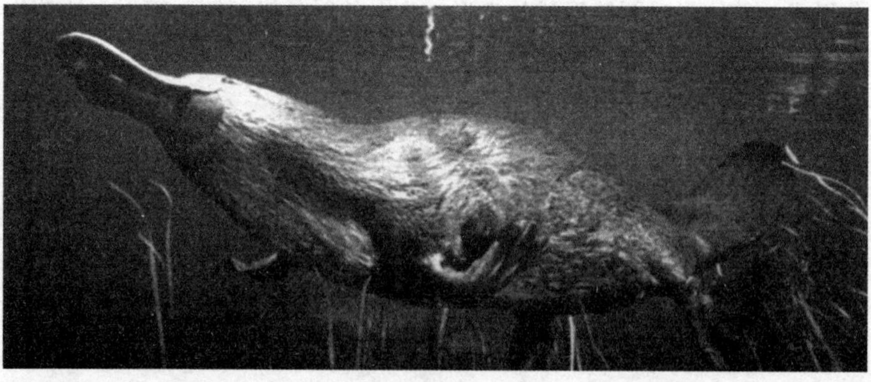

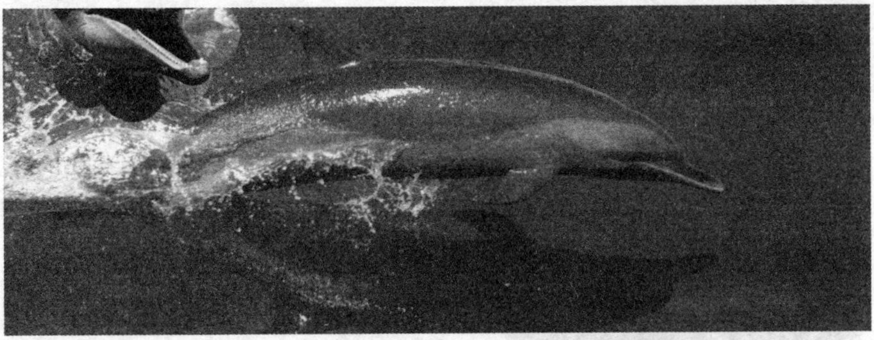

最大的哺乳动物——蓝鲸

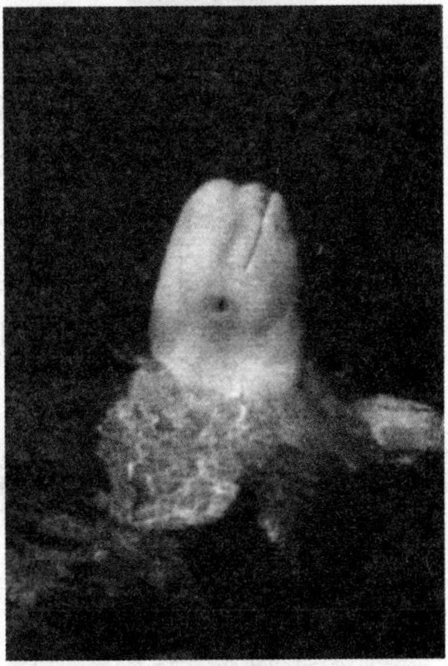

蓝鲸是世界上最大的哺乳动物，蓝鲸主要生活在世界各大洋海域中。

蓝鲸体重约 170 吨，身长可达 30 米左右，嘴巴张开可同时容纳 10 个成年人站立。蓝鲸经过一年左右的妊娠期后，一般在冬季分娩出小蓝鲸。幼鲸刚出生时体重就达 6 吨左右，长约 7.5 米。幼鲸体重的增长速度非常快，一般在母亲喂奶后 24 小时，它的体重就能增加约 100 千克，平均每分钟增加约 75 克。幼鲸在长到 7 个月时，其体重可达到 23 吨左右，有 16 米长，并开始张嘴学习吞食各种浮游生物。

5 年后，一只小蓝鲸就成年了。成年蓝鲸一般能生存 20 年~30 年。蓝鲸用途广泛，它的脂肪可制肥皂；鲸肉可被制作成味道可口、富有营养的美食；鲸肝含有大量维生素；鲸骨可提炼胶水；血和内脏器官是优质肥料的原材料。正因如此，蓝鲸常常被人类肆意捕杀来获取巨大的利益，导致蓝鲸的数量急剧下降，成为世界上濒临灭绝的哺乳动物之一。

生活在最高处的哺乳动物——牦牛

牦牛多分布在海拔 3 000 米以上的高寒地区，并能在 6 400 米处的冰川生活，它能忍耐-30℃～-40℃的严寒，是世界上生活在海拔最高处的哺乳动物。牦牛善于走险路和沼泽地，它的识途本领很高，可以避开陷阱选择安全的道路行走，所以被称为“高原之舟”。高原上的居民用牦牛来耕田，还用它来驮运重物。中国牦牛占世界总数的85%，主要分布在西藏、喜马拉雅山脉和青藏高原等地区。牦牛身体笨重、粗壮，全身一般是黑褐色的，身体和尾巴上都长着浓密的长毛，四肢短粗强健。野牦牛又叫野牛，性情凶猛，生活地区多为空气稀薄、终年积雪的崇山峻岭、山间盆地、高寒荒漠，以植物为食。牦牛的用途很多，毛可做衣服或帐篷，皮可以制革。藏族人民喝牦牛奶，吃牦牛肉，烧牦牛粪，生活的各方面都少不了牦牛。

妊娠期最长和最短的哺乳动物——亚洲象和弗吉尼亚鼠

妊娠期最长的哺乳动物是亚洲象。其妊娠期平均为 609 天（超过 20 个月）。最长的可达到 2 年之久。由于亚洲象怀孕周期太长，致使幼象出生率极低。目前，亚洲象的数目很少，全世界不足 3.5 万头。

分布在南美中部和北部的美洲鼠（又称弗吉尼亚鼠），以及较为罕见的水鼠是已知的世界上妊娠期最短的哺乳动物。因为它们的怀孕期只有 12

天~13天，有时仅仅是8天。

最大和最重的狗——丹麦大狗和大驯犬

爱尔兰猎狗和丹麦大狗是狗中比较高大威猛的一类。目前，一只名为尚格里特·达姆扎斯的丹麦大狗是世界上最高的狗。英国白金汉郡米尔顿·凯恩斯的温迪和基恩·科姆利夫妇是这条大狗的主人。尚格里特从肩部到脚掌高度达到了1.054米，体重为108千克。历史上最重的狗是一只名为艾卡玛·佐尔巴的英国獒（也称大驯犬），这只狗生活在拉苏萨。英国伦敦的克里斯是这条狗的主人。艾卡玛·佐尔巴的体重在1989年11月达到155.58千克，大约相当于两个普通成年人的重量。

最小的狗——约克种狗

历史上曾经有只最小的狗是一条约克种狗，它的主人布莱克本·亚瑟·马普尔斯居住在英国兰开夏郡的一个小镇上。这只狗还没有人的手掌大，身长和身高分别仅有9.5厘米、6.3厘米，体重113克。不过，这只狗的寿命很短，只活了两年。目前世界上存活的最小的狗是一个泰国人饲养的名叫“大老板”的约克种狗，在1995年12月7日，人们测量出它的身长为12.95厘米，身高为11.94厘米，而其体重也仅有481克。

嘴巴最大的陆生动物——河马

河马主要分布在非洲的大河和湖沼边，以草、水果、树叶以及水生植物为食。河马体形肥胖，皮很厚，全身光秃秃的，脑袋很大，眼睛、鼻孔、耳朵都长在面部上端，成一平面。河马是陆地上除大象之外最大的动物，可以长到4米长，体重可以达到2 500千克~4 000千克。河马是陆地上嘴巴最大的动物。河马的嘴巴又大又宽，成年河马张开大嘴，可以装一个成年人的身体。河马的嘴不但大，而且很有力，一口能把一只小船咬成两半。河马喜欢群居，常常二三十只栖息在一起，浮在水中时，露出小小的眼睛观察周围，圆圆的鼻孔露在水面上呼吸，它们游泳的速度很慢。河马的体形虽然庞大，但性情却很温和，白天在水中或者陆地上休息，晚上吃草。河马除了上岸睡觉，大部分时间都在水里泡着，如果河马长时间离开水，它的皮肤就会干裂，渗出红褐色的液体。

跑得最快的动物——猎豹

猎豹的身体条件非常适合奔跑，最快速度可达120千米/小时。它的脑袋圆而平滑，四肢很长，整个身体呈流线型；它的爪甲像运动员跑鞋上的鞋钉，可以紧紧地抓住地面，不但能增加速度，转弯时还能防止打滑；猎豹的尾巴很长很粗，可以平衡身体和调节方向；猎豹的肌肉柔韧性强，脊椎骨弯曲性好，奔跑时，全身像波浪一样起伏。猎豹的肺活量大，心脏强健，身体素质很适合奔跑的需要。

长跑最快的动物——叉角羚

世界上长跑最快的动物应数北美洲特有的动物叉角羚。叉角羚生活在大草原或丘陵地带，是介于鹿类与羊类之间的一个种类，长着鹿那样长长的分叉的角，一般身体长 140 厘米，体重 36 千克~60 千克。在美洲大陆，叉角羚是跑得最快的野生哺乳动物，奔跑时速可达 80 千米，虽然没有猎豹快，但是耐力比猎豹更强，可以长时间高速奔跑。叉角羚的心脏比同等体重的绵羊要大 1 倍，所以它的速度和耐力都很好，快速的奔跑使它能够有效地逃避天敌。叉角羚很警觉，它的视力和听觉都非常好，吃草的时候耳朵也转动着留意四处的动静，一旦有风吹草动，立即撒腿跑出很远。叉角羚性情温顺、比较害羞，在远离人类居住的地方过着群居生活。夏季结成小群在大草原上四处漫游，过冬时则结成百头以上的大群向南迁徙。

最凶猛的动物——孟加拉虎

孟加拉国位于南亚大陆东部，受热带季风气候影响，每年到了夏、秋

两季，洪水泛滥，全国大部分地区都处于一片汪洋之中。孟加拉虎是这个国家特有的珍稀动物，被尊称为国兽。在该国雄伟的巴格哈特古清真寺里，随处可见墙壁上造型各异的虎形装饰。看来，很久以前这个“百兽之王”就得到人们的关注了。孟加拉虎一般生活在茂密的山林、灌木和野草丛生的地区，喜欢独来独往。通常在早晨、黄昏和夜晚活动，而白天则躲在丛林中休息。它们擅长游泳，最喜欢吃的东西是野猪肉。它们有足够的能力保护自己，没有什么动物可以对它们构成威胁。一年中除少量的时间和自己的配偶待在一起外，绝大多数时间它们都是独来独往的。

舌头最长的动物——食蚁兽

食蚁兽生活在美洲大陆上，一般栖息于从墨西哥到阿根廷北部的草原和森林中。食蚁兽以蚁类为食，它的嗅觉非常灵敏，能够轻易地发现蚂蚁巢。食蚁兽发现蚁巢后，先用前爪探进蚁窝，再用它的利爪挖洞，然后将长长的舌头伸进那个蚁窝的通道中，这样蚂蚁就会沾在食蚁兽的舌头上，成为食蚁兽的美餐。食蚁兽的舌头长达60厘米，每分钟可以

伸缩150次。食蚁兽多毛的尾巴有着特殊的功能，在找到蚂蚁窝时，它们就用尾巴像扫帚一样把散乱的蚂蚁扫到一起然后再吃掉；当它们睡觉时，还可以张开尾巴来遮挡阳光。

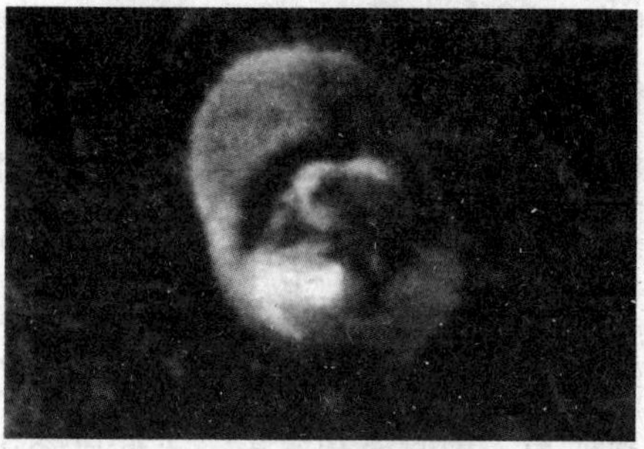

繁殖能力最强的哺乳动物——旅鼠

旅鼠主要分布在北美洲、欧亚大陆和北极地区，是小型的啮齿动物，它们是哺乳动物中种类和数目最多的一类，在地面、树上、水中到处都有它们的踪迹。旅鼠上下各有一对门牙，没有犬齿，最奇特的是，它们吃东西的时候，下颌是前后运动的。旅鼠的腿很短，耳朵小，毛柔软而且长。它们从不冬眠，每当冬天来临的时候，它们在地下挖好洞穴，储藏草根、嫩枝等它们喜欢的食物。成熟的旅鼠是哺乳动物中最年轻的父母，斯堪的纳维亚半岛上的雌性旅鼠在出生后二十多天即可成熟并开始生育。所以，当旅鼠的繁殖过盛时，它们就会集体迁移，而且一直向前走。它们可以游过河流湖泊，但到了波涛汹涌的大海时，就只有死路一条了。每当这时，它们会选择一个个“跳”下悬崖，葬身大海。

中亚草原上最凶猛的飞禽——猎鹰

猎鹰又名猎隼、鹞子，属于猛禽类，它们吃鸟类或兔、鼠等小动物。猎鹰双翅强健，是空中疾飞翱翔的高手，身体呈深褐色，头顶为暗红色，嘴为钩状，脚爪尖锐，一旦发现猎物即疾飞突袭，然后以钩嘴和利爪将其撕裂而食。猎鹰常常栖息于山地、河谷及草原，一般单独活动，飞行速度较快。猎鹰极易于驯养，经驯养后是很好的狩猎工具。在阿拉伯地区，人们有驯养鹰类的传统，在当地这是财富和身份的象征，一只驯化好的猎鹰价值数万美元。游牧狩猎是阿拉伯人的传统生活方式，每到冬春季节，人们就骑上骆驼，带上食物、帐篷进入沙漠深处，在那里放鹰捕猎。现在，阿拉伯人已经改变了传统的游牧生活，放鹰成为一种时尚和娱乐，人们已经边开汽车边放鹰了。

最耐渴的动物——树袋熊

树袋熊又叫考拉，身上的皮毛是浅灰色的，鼻子大而圆，一双圆溜溜的眼睛和两只毛茸茸的短耳朵，憨态可掬，十分可爱。它们是一种特殊的有袋动物，生活在澳大利亚东部的树林中。看上去有些笨笨的小考拉实际上行动非常敏捷，能够很容易地从一棵树跳到另一棵树上，它们常在树上活动而很少在地面上活动，它们喜欢在树枝上睡觉，经常在白天呼呼大睡，傍晚才出来寻找食物，它们的食量很大，桉树叶就是它们的美味佳肴，它们从桉树叶中能获取足够的水分，因而能够一生不饮水。树袋熊一次只能生下一只幼熊，当小树袋熊长到不能再待在妈妈的育儿袋中时，母熊就把小熊背在自己的背上。大约经过一年以后，小熊就可以独自外出觅食。

最会造房子的动物——白蚁

白蚁出现在3亿年前，分布范围很广，以木纤维为主要食物。白蚁是群居动物，在“白蚁王国”中，有雄蚁、蚁后、工蚁和兵蚁，它们分工明确，各司其职。雄蚁和蚁后专门负责交配、产卵，工蚁专门负责

筑巢运食、护卵和饲喂等繁重的工作。兵蚁是王国内的忠实保卫者，能够顽强地抵抗外来之敌。

白蚁还是有名的建筑师，它们能把巢建得既漂亮又科学。有的白蚁把椭圆形的蚁巢建在树上，有的则在地面上堆搭起一个光滑的圆形或高塔形的巢，有的还会在地下修建“蚁城”。蚁巢的四周有多条暗道，可谓“四通八达”，远的可达百米之外，有固定的粮食运输线和送水路线。蚁巢的外壳厚实而坚固，还有调节巢穴温度和湿度的筛状空气孔，它有防敌、保温、保湿三大功能。蚁巢一年四季温度变化不大，既安全又舒适。巢的中部是蚁后居住的“王宫”，蚁后深居其内，由工蚁侍候。蚁后产完卵由工蚁将卵搬到孵化室孵化，再将孵化出的幼蚁转到育婴窖里精心喂养。

最喜欢吃盐的动物——豪猪

豪猪分为两大类：一类分布于欧洲、亚洲、非洲，主要在地上活动，擅长挖洞，白天在洞里休息，夜里出来觅食；另一类分布于美洲，生活在树上，擅长攀缘。豪猪行动笨拙，因此捕到它们很容易。豪猪长

长的毛发中生长着两万多根尖刺，这是它抵御外敌的有力武器，当它受到威胁时，这些刺会竖起来并“嘎嘎”作响，警告攻击者离它们远点。如果攻击者还不走开，豪猪就会弓起身子冲过去，把刺深深地扎进敌人的皮肤里。一旦被它的刺刺中，就很难拔掉了。豪猪的刺会引起被刺者伤口感染，使伤者感到十分痛苦，甚至致命。豪猪出生时就带刺，不过那时候的刺很柔软，大约 10 天后刺开始变硬。另外，豪猪非常喜欢吃盐，它们总是寻找各种含盐的东西咀嚼。

最会挖洞的动物——土拨鼠

土拨鼠也叫旱獭，在北美洲和欧亚大陆广大的山林中生活。土拨鼠是群居动物，它们擅长掘土，挖的地道深达数米，里面十分干净舒适。它们从不贮存食物。土拨鼠通常在夏天吃很多食物，以便保证体内贮存大量脂肪，进而冬眠。一年中它们要在地洞或空心树干内蛰伏半年，有的甚至长达 8 个月之久。最冷的时候，冬眠中的土拨鼠心跳可由活跃期的每分钟 200 次降至每分钟 4 次~5 次，体温也迅速下降，呼吸也会减到每分钟 2 次，这是它们新陈代谢程度最低的时候，这时它们会缩成圆球状来保持体温。如果气温降

得太低，土拨鼠就会醒过来，活动数小时后再恢复冬眠状态。到第二年冬眠期结束时，土拨鼠会变得很瘦。土拨鼠非常机警，不仅经常察看周围情况，还专门有负责放哨的哨兵，哨兵一旦发现有什么风吹草动，便会迅速发出警报，全体土拨鼠立即钻入地下。

最爱干净的动物——浣熊

浣熊主要生活在北美洲的温带丛林和南美洲的热带丛林中，它们的嘴巴像狐狸一样尖细，有着猫一样的胡须，猴子一样的前爪，灰、黄、褐等颜色的毛混杂一起，全身毛茸茸的，看上去十分聪明可爱，种类有长鼻浣熊、蜜浣熊、食蟹浣熊等。浣熊的适应力很强。浣熊对环境的变化能很好地适应，本来是以肉食为主的兽类，但现在已有杂食性的趋势，也吃野果、鱼等，是美洲的特有动物。浣熊体形较小，一般只有 7 千克~14 千克重，白天在地上觅食，晚上则睡在树上。浣熊还喜欢闯入人的家中寻找食物，它们会熟练地打开冰箱、瓶盖，寻找可以吃的东西。浣熊每次吃东西前总要将食物放在水中洗一下，因此而得名。

最珍稀的骆驼——亚美利加无峰驼

亚美利加驼生活在南美洲安第斯山地区，是一种人工驯养的动物，不存在野生种类。亚美利加驼与骆驼有着共同的祖先，但它们的体形比骆驼小，而且没有驼峰，是世界上很罕见的无峰骆驼。亚美利加驼身体细长，尾巴短小可爱，它的头也很小，但耳朵大而且尖，喜欢过群居生活。

在安第斯山地区，人们用它来驮载货物，

当负载太重或过于疲劳时，它们便会躺下来高声嘶叫，不肯再前进。人们饲养这种无峰驼的另一个目的是为了用它们的皮毛制作大衣或睡袋，这种皮毛具有良好的保温性能，以前的印加贵族常常穿的长袍就是用这种驼毛制成的。

陆地上最大的动物——大象

大象是陆地上最大、最重的动物，长得高大健壮，身子像是一堵灰色的墙。大象的鼻子很长，像根管子，可以用来吸水喝，还可以像个喷头一样喷水。大象的鼻子不仅长而且用处大，吃东西的时候，大象可以用鼻子卷起树叶、树皮、草还有果实等食物送到嘴里。大象的力气很大，有时能用鼻子将小树连根拔起。大象的两只耳朵像大扇子一样，可以听清楚很细微的声音，还可以帮助散热。与它庞大的身体、长长的鼻子、大大的耳朵不同的是，大象的眼睛要小很多，因此虽然大象嗅觉和听觉发达，视力却不好。大象的牙齿长长的，洁白如玉。但是珍贵的象牙却给大象带来了不幸，许多捕猎者为获得象牙残忍地捕杀大象。大象分为非洲象和亚洲象两种。非洲象生活在热带草原上，雌雄都有象牙；亚洲象生活在森林中，个头比非洲象小一点，只有雄象有象牙。大象虽然大，但是性情温和，喜欢群居。大象还是寿命最长的哺乳动物，可以活到100岁。

植物之最

美丽而神秘的大自然是人类赖以生存的家园，绿色植物的存在又为大自然增添了无限的生机与活力。

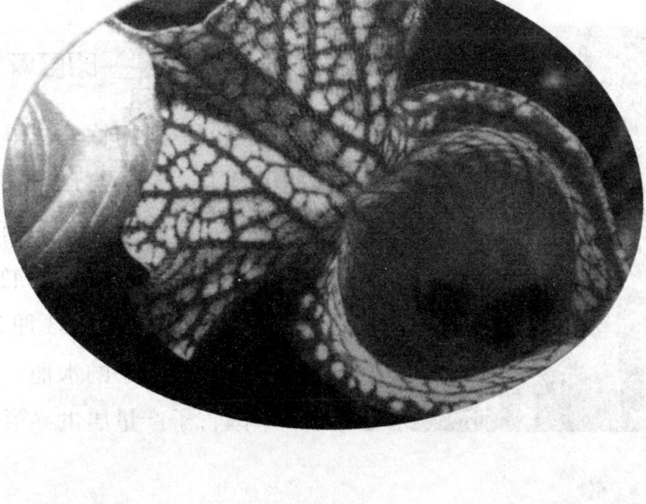

植物界的最大家族——被子植物

世界上共有四十余万种植物，这些植物还可以分为不同的种类。其中被子植物这一大类所包括的植物种类是最多的，约有二十五万种。

种子被果皮包着的植物，就叫被子植物。这种植物很常见，比如我们常吃的桃、李、杏等，它们的种子在果皮果肉包着的核中，而日常生活中的花草、庄稼以及其他经济植物，几乎都是被子植物。被子植物是植物界中种类最多的。

被子植物的类型千差万别，有高百余米的桉树，也有仅1毫米长的无根萍；并且各种植物生命周期长短不一，短的如花期只有几周的菊，长的如千年的龙血树。被子植物在全世界均有分布。从北极圈到赤道，从6 000米以上的高山到江河湖海，连沙漠、盐碱地都有它们的身影，有很强的适应能力。

最高的竹子——印度麻竹

世界上最高的竹子是印度麻竹，产于印度和斯里兰卡。它的高度一般超过30米，在斯里兰卡的一个植物园中，有几株甚至高35米以上。这种竹子被称为“竹中之王”，其直径可达16.67厘米~23.33厘米，一节竹子就能制成一个不算太小的水桶。

中国竹子产量居世界第一位，中国境内共

有一百五十余种竹子，主要分布于长江流域以南。中国最高的竹子是毛竹，其高度为20米左右。

节间最长与最短的竹子——沙罗竹和人面竹

沙罗竹是世界上节间最长的竹子。沙罗竹是一种大型丛生竹类，高度约为7米~12米，直径8厘米左右，叶子是长圆形的，呈披针状，竹壁很薄且韧性好，适合编织凉席等各种器具，节间长达60厘米~80厘米，云南西双版纳著名的傣族泼水节上就有用沙罗竹所做的“高升”。

世界上竹节最短的竹子是人面竹，人面竹的高度，跟人的身高差不多，直径一般有两三厘米，粗大的如碗口，小的如手指。人面竹竹竿节距非常短，和其他竹子水平生长的节纹不同，它的节纹是斜着向上交错生长的，上下节纹间有些相连，节面微微凸出，每一个竹节就像一张笑容可掬的人脸的轮廓。更令人称奇的是，有的人面竹在上下节纹间还有一个小孔，形状和位置都像是人的嘴巴。“人面”大小不一、形态各异，人面竹因此而得名。

叶子最大、最小的竹子——铁竹和棕竹

铁竹是世界上叶子最大的竹子，因它的竹材坚硬如铁而得名。铁竹的叶子很大，一般长35厘米~60厘米，宽10厘米左右，最大的叶子长

达60厘米、宽达20厘米，铁竹那巨大的叶子常被当地居民用来代替瓦片盖房子。

世界上叶子最小的竹子是棕竹。棕竹一般高1米左右，茎干直立挺拔，不分枝。它的枝叶墨绿浓郁，紧密地丛生在一起，很有光泽，看起来秀丽挺拔。叶子呈扇状细条形，只有1厘米~2厘米长，12毫米宽，和铁竹那宽20厘米、长60厘米的叶子相比，两者相差数十倍。

栽培最广泛的竹子——慈竹

竹子，被誉为“第二森林”，是一种宝贵而又美丽的绿色资源，很受人们喜爱。世界上很多地区都在培植竹子，其中慈竹的栽培最为广泛。

慈竹竹竿高5米~10米，直径4厘米~8厘米，每节长可达60厘米，竹壁很薄，竹质柔软，材质较轻，慈竹劈成的竹条可以用来制作风筝上的直杆。慈竹有着极强的生命力，家前屋后，只要有空隙，栽下慈竹都能成活，几年内就能繁殖成茂密的一片。因为新竹与旧竹同出一根，二者紧紧偎依在一起，像母亲和孩子并肩而立，所以得名“子母竹”。

我国种植慈竹的历史悠久，并深受人们喜爱，唐初诗人王勃著有《慈竹赋》，杜甫也曾写下“慈竹春阴覆，香炉晓势分”的诗句。

最早出现的绿色植物——蓝藻

蓝藻是地球上最早出现的绿色植物。地质学家研究发现南非古沉积岩中存在最早的蓝藻类化石，证明了34亿年前，在地球上已经有生命的存在。古代蓝藻和现代的蓝藻在外形上有些相似。蓝藻中含叶绿素，

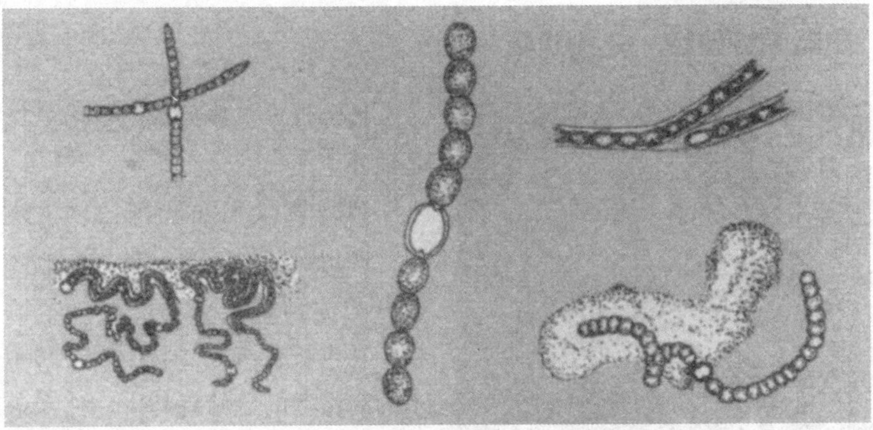

能制造养分，还能独立进行繁殖。所以，在植物进化史上它的出现有巨大的意义。今天地球上的花草树木等绿色植物都是由低等的藻类经过上亿年漫长的历史演变、进化而来的。

最长的植物——白藤

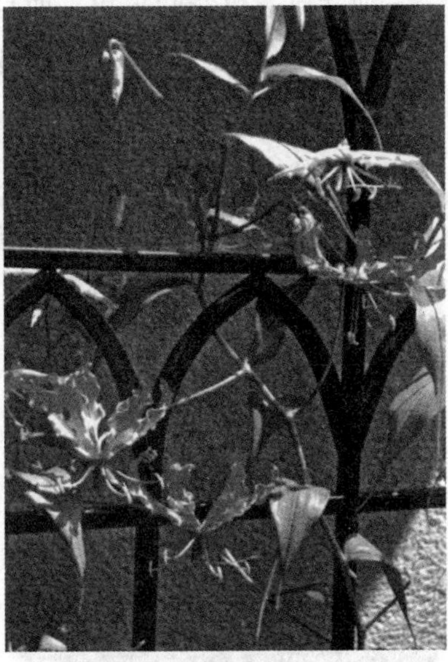

白藤也叫省藤，是一种攀缘植物，它是世界上最长的植物。它的茎很细，和人的大拇指差不多粗细，然而它却特别长，从白藤的根部到顶部，一般约有 300 米，最长的可达 500 米，比操场上的一圈跑道还要长。

白藤像一根长鞭，随风摇摆，一碰上大树，就紧紧地攀住树干不放，沿着大树向上生长，一直爬到大树顶端，再没有什么可以攀缘的了，于是它那越来越长的茎就会下坠，以大树为支柱，沿着树干上下盘旋缠绕，形成许多怪圈，因此人们给它取了个绰号叫“鬼索”。我国海南岛的热带雨林中就有这种白藤。

最孤单的植物——独叶草

植物世界里最孤单的植物要算是独叶草了。

独叶草生长在我国云南、陕西、四川、甘肃等省，是这些地区特有的一种多年生毛茛科草本植物，它生长在海拔 2 750 米~3 900 米的高山上的原始森林中。独叶草的地上部分高有 10 厘米左右，一般只开一朵淡绿色的花，只生一片有 5 个裂片的近圆形的叶子。它的茎埋在地下，是细长分枝的根状茎，上面长着许多不定根和鳞片，叶和花的长柄就着生在根状茎的节上。这种植物只有一朵花，一片叶，和其他植物的枝繁叶茂相比，显得十分特别。

独叶草不仅花叶孤单，而且还有独特的原始结构特点。毛茛科有一千五百多种植物，但是只有独叶草的叶脉是典型的开放二分叉脉序，这是一种原始的脉序。独叶草的花由被片、雌蕊、退化雄蕊和心皮构成，它的花被片也是开放二分叉的，雌蕊的心皮在发育早期也具有开放的特点。由于独叶草构造的这些原始的结构特征，植物学家们自 1914 年在云南的高山上发现这种植物后，就对它充满了兴趣，他们认为，对独叶草的研究有利于了解整个被子植物的进化过程。

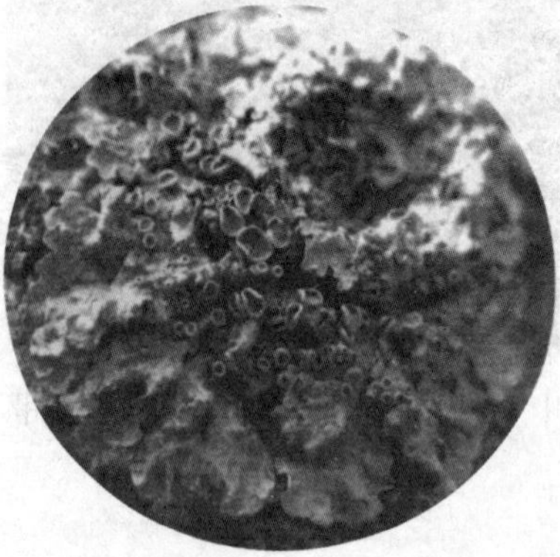

最顽强的植物——地衣

生命力最顽强的植物是地衣。它在真空条件下放置 6 年还能保持活力，在-273℃~200℃之间它都能生存。因此无论是冰天雪地的极地，还是在荒芜的沙漠，它都一样能生长。

为什么地衣的生命力能如此顽强？

植物学家研究发现，地衣并不是一种单纯的植物，而是真菌和藻类两类植物组合而成的。真菌具有很强的吸收水分和无机物的能力，藻类有能进行光合作用的叶绿素；真菌吸收无机物和空气中的二氧化碳，藻类则用这些物质在阳光中进行光合作用，制造自身生长所需的养料，并与真菌共享。二者紧密合作，才使地衣产生了如此顽强的生命力。

质量最好的纤维植物——苎麻

苎麻是世界上品质最好的纤维植物。它拥有最长的植物纤维细胞，细胞长达 620 毫米，而且这种纤维质地坚韧，有光泽，染色鲜艳，染色后不易褪色。用这种纤维纯纺或混纺织成的布料美观耐用。苎麻纤维的抗张力强度很大，要比棉花高 8 倍~9 倍，利用这些优点，可以用来做降落伞、飞机翼布的原料，以及制造帆布、航空用的绳索、麻线、手榴弹拉线等。苎麻纤维浸湿的时候吸收和发散水分加快，强度增大，而且耐腐、不易发霉，由于它具有这些特性，所以还可以用它制造防雨布、渔网等。苎

麻纤维还具有散热快，不容易导电的特性，因此，可以用它做电线的包皮、轮胎的内衬、机器的传送带等。唐朝的时候我国就已经能充分利用苎麻纤维了。我国的苎麻，无论是栽培面积还是总产量都居世界第一位。

感觉最灵敏的植物——毛毡苔

和动物一样，植物也有感觉，植物在受到光、温度等外界的刺激后，会有各种不同的反应产生：向日葵的转盘从早到晚跟着太阳转来转去；含羞草的叶子只要轻轻一碰就会很快闭合。

世界上感觉最灵敏的植物非毛毡苔莫属。有人把一段长 11 毫米的细头发丝放在毛毡苔的叶子上，叶子马上卷曲起来把头发按住。还有人把 0.000 003 毫克的碳酸铵(一种含氮的肥料)滴在毛毡苔的绒毛上，也会立刻被它发觉。

毛毡苔也叫日露草，在热带和温带地区生长，其中澳洲最多。它是一种食虫植物。叶子像圆盘一样平铺在地面上，像个莲花座，叶片上长有紫红色的腺毛，它能分泌香甜的黏液来诱惑贪吃的小昆虫，昆虫一碰到黏液就会被粘住，而成为毛毡苔的美食。

最能储水的草本植物——巨柱仙人掌

巨柱仙人掌生长在干旱的沙漠中，这里气候特别干燥炎热，降水很少，降雨量一般在 25 毫米以下，有的地方甚至整年不下雨。

在这种环境下生长的植物，适应干旱的能力必须很强。只有像仙人掌这样具有很强贮水能力的植物，才能在这里生存。这其中又以生长在墨西哥沙漠中的巨柱仙人掌的储水能力为最强。这种仙人掌长得像一根分叉的六七层楼高的大柱子，粗得一个人无法合抱。有超过1吨的水贮存在它那巨大的身躯里。当地过路人常常用这种仙人掌里储存的水来解渴。它的确是世界上最能储水的草本植物。

巨柱仙人掌具有有利于储水的结构，为了适应干旱的沙漠环境，它的叶子已经退化成针刺，这样可以使水分的蒸发量减少。它的根系深而广，能大量吸收雨水。它的茎生得厚厚的，也能贮存大量的水分，像一个天然的小水库。

开花最晚的植物——拉蒙弟凤梨

一般来说草本植物开花比较早，一般是在出苗后当年开花或者次年开花，当年开花的如水稻、玉米、棉花等，油菜等一些植物是出苗后次年开花。

比起草本植物来，木本植物的开花相对比较晚，如桃树3年开花，梨树4年开花，更晚的如银杏出苗后要经过二十多年才开花。

但这些都不是开花最晚的植物，世界上开花最晚的植物是拉蒙弟凤梨。拉蒙弟凤梨的出产地是南美洲国家玻利维亚，它要生长150年后才开出花序，花序呈圆锥形。拉蒙弟凤梨一生只开1次花，开花后也就意味着它不久就会枯萎、死亡。

生长地点最高的开花植物——垫状植物

很少有开花植物能生长在高山之上，因为海拔高的地方，往往气温很低，风雪很大，自然条件恶劣，不适宜植物的生长。然而，“很少”并不代表“没有”。世界上生长地点最高的开花植物就是垫状植物。它们个子很矮，贴着地面顽强地生长。在严寒恶劣的气候下，高山垫状植物紧贴着地面生长，厚厚的积雪犹如一层被子盖在它们身上。躲在积雪下面，垫状植物得到了很好的保护。

世界上生长地点最高的垫状植物，自然要到世界上最高的山——喜马拉雅山上去找。我国很多寒冷的高山上都生长着垫状植物，主要有黄芪、马先蒿、垫状驼绒藜、垫状点地梅、垫状棘豆、垫状蚤缀等。

最奇妙的吃虫植物——猪笼草

全世界有五百多种食虫植物，其中猪笼草的捕虫器是最奇妙的。

猪笼草生长在温暖潮湿的环境中，主要分布在马达加斯加、印度洋群岛、斯里兰卡、印度尼西亚等潮湿的热带森林里，中国云南、广东等

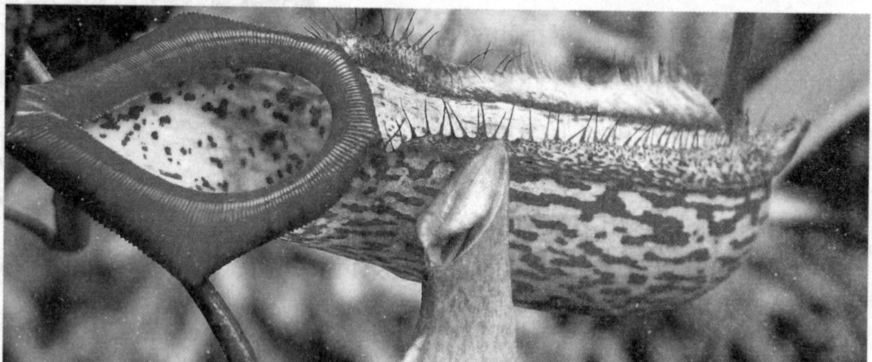

省也有这种植物。猪笼草能吃虫，关键在于它精巧复杂的叶子构造上。它叶片的中脉伸出变成卷须，可以攀附着其他东西往上爬。卷须的顶部生出一个口的盖能自由开关盖的囊状物，这个囊状物像奶瓶子一样，瓶口边缘向内卷，瓶内有半瓶水液。瓶口内壁能分泌有香味的汁液吸引小昆虫，小昆虫在吃这种汁液的时候，一个不小心就会掉到瓶中，被水液粘住，成为猪笼草的笼中之物。

除猪笼草外还有捕蝇草、茅膏菜、毛毡苔等植物也具有食虫的特点，但它们的捕虫工具却比不上猪笼草这么复杂精巧。

分布最广的植物——狗牙根草

世界上分布最广的植物是狗牙根草，它是我们在水沟边、路旁、草地、农田等处常见的一种茅草，这种草生命力非常顽强，在温带、亚热带地区，包括加拿大、阿根廷、新西兰、南非、日本、法国、科西嘉岛等国家和地区均有分布。

狗牙根草喜欢光、热，抗旱、耐热能力强；耐践踏；质地较细，对养护管理要求不高，在轻盐碱地上也能很快地生长，侵占性强，因此狗牙根草被广泛用于高速公路、公园、广场、飞机场等绿地上。现在，足球、垒球、高尔夫球、马球等体育用草地，也广泛使用狗牙根草及其杂交改良品种来种植。

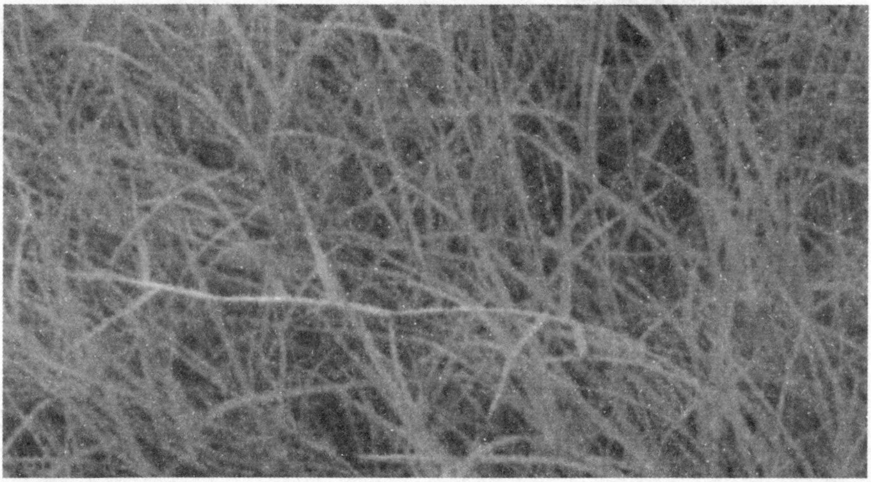

最能忍受紫外线照射的植物——南欧黑松

太阳光里的紫外线对生物产生的影响非常大，特别是微生物，受到一定剂量的紫外线照射，在十几分钟之内就会死亡。因此，医院、工厂、学校等场所经常使用紫外线进行杀菌消毒。研究表明：如果把火星表面的紫外线强度移至地球，来照射各种植物，番茄、豌豆等只要3个多小时植物就会死去；小麦、玉米等被照射七十多个小时后，叶片就会死亡。但有一种植物，能够最大限度地忍受紫外线照射，这种植物名叫南欧黑松，它被照射635小时之后，仍完好无损。科学家估计，像南欧黑松这样的植物，能够在火星上生活一个季节。因此人们推测，在地球以外的行星，如火星上，可能会有生物存在。

最凶猛的植物——奠柏

世界上有五百多种能吃动物的植物，但它们绝大多数只能吃些较小的昆虫。可是，生长在印度尼西亚爪哇岛上的一种树，居然能把人吃掉，这种名叫奠柏的树可谓是世界上最凶猛的植物。

这种树枝条柔软，一旦有人触动了树，那些枝条马上就像蛇一样把人卷住，使人无法脱身。然后这种奠柏便分泌一种腐蚀性极强的液汁，把人慢慢“消化”掉。不过，当地人已经掌握了对付和利用它的方法：先用鱼去喂它，等它伸开枝条，分泌液汁的时候，就趁机去采集它的液汁，因为这树液是制药的宝贵原料。

无论这种植物有多么凶猛，在充满智慧的人类面前，它也要乖乖地被人们加以利用。

分布最北的植物——极地柳

极地是地球上最寒冷的地方，能够在地球最北端生活的植物有黄罂粟和极地柳。极地柳生长的地区更靠北一些，是世界上分布最北的植物。

极地柳也叫北极柳、爬地柳。为了抵抗北极地区的强风和严寒，极地柳适应环境的本领必须很强。极地柳的个子很矮，只有 30 厘米～60 厘米高。它们伏在地面上生长，只要轻轻一提就会连根拔起。在 40 天～70 天的时间里完成发芽、开花和结果，一般植物在春天开花，而极地柳只在气温稍高的夏季 6 月中旬以后才能开出黄色的花。

极地柳的叶子是圆形的，叶片中维生素 C 的含量很高，是橙子的 7 倍～10 倍。它的嫩茎、叶，以及剥皮后的幼根都可以食用。由于北极有半年极夜时间没有阳光，极地柳无法和其他植物一样进行光合作用，所以生长速度极其缓慢，一年只能生长几毫米。

最大的植物细胞——苎麻茎

自然界里的各种植物，它们的形态、结构、大小完全不同，但实际上所有的植物都是由细胞构成的，在显微镜下可以清楚地看见这些细胞。

植物细胞长度通常在 20 微米～100 微米，要 30 个～100 个细胞，才能组成一粒芝麻的长度，可见，植物细胞是非常小的。一般要显微镜放大 60 倍以上，人们才能大体看清这些细胞。极少数植物细胞可以用肉眼看见。一个“沙瓤”西瓜中的一个“沙粒”就是一个直径达1毫米左右的细胞。这是相当大的植物细胞了。一条棉花纤维也是一个细胞，最长的可达到75毫米，相当于成年人的手指的长度，是西瓜瓤细胞的75倍。但这还不是最大的植物细胞。苎麻茎的韧皮纤维细胞最长的有半米多，这种苎麻茎的韧皮纤维细胞就是世界上最大的植物细胞。

含蛋白质最多的植物——螺旋蓝藻

人口的增长使粮食的需求量与日俱增。目前，尽管人们采用推广良种、施用化肥、喷洒农药、耕作机械化等方法来提高产量，但粮食产量的增长在一定条件下仍有一定的限度，不能随心所欲地无限增加。因此，人们需要充分利用各种植物资源，开发多种食物品种，满足人类对于食物数量和质量的需要。

小球藻是一种绿藻，它有很强的繁殖能力，一般含50%的蛋白质，这种蛋白质是它利用太阳光，经光合作用产生的，比牛肉、大豆等高蛋白质食物所含的蛋白质还多，营养价值很高。

螺旋蓝藻是已被发现的含蛋白质最高的植物。螺旋蓝藻的个体比小球藻大100倍，蛋白质含量也比小球藻高很多，竟达68%，是瘦肉的4倍。螺旋蓝藻的营养如此丰富，引起了科学家们的兴趣，他们对其进行

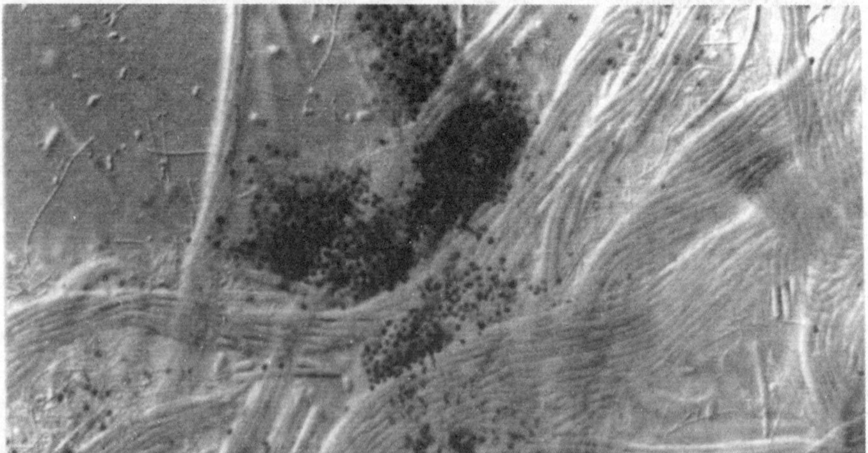

研究，希望在不久的将来使人们的餐桌上增加螺旋蓝藻这种高蛋白食物。

最大的草本植物——旅人蕉

世界上的植物约有四十余万种，其中草的种类就有 30 万种之多，它们被称为草本植物。草本植物随处可见，稻、麦、青菜等都属于草本植物。在草本植物中，小草不到 7 厘米长，小麦、稻子也仅 1 米上下。但是在草本植物这个小个子的大家族里，也有高大的植物，那就是旅人蕉。它高 23 米，相当于六七层楼高，茎有双臂合抱那么粗，常被人误认为是一种乔木，其实它是世界上最大的草本植物。

旅人蕉叶片基部呈大汤匙状，里面常常贮满下雨天积下的雨水。这种植物原产于热带沙漠，旅行者长途跋涉干渴难耐时遇到它，只要摘下一片叶子，就可以喝到积水，解除干渴。旅人蕉也因此得名。

最甜的植物——非洲薯蓣

很多水果都含有糖分，如西瓜含糖 4%，梨含糖 12%。糖是由甜味植物（如甘蔗、甜菜）提炼的，浓度高，很少有植物能甜得过糖。然而，神奇的大自然常常出乎我们的意料。在西非热带森林里的一种西非竹芋，它的果实甘甜异常，甚至比糖甜 3 万倍！还有一种叫非洲薯蓣叶的植物能结出一种呈漂亮的红珊瑚色、野葡萄状的果实，每穗有五十个左右，味道奇甜。人们经过

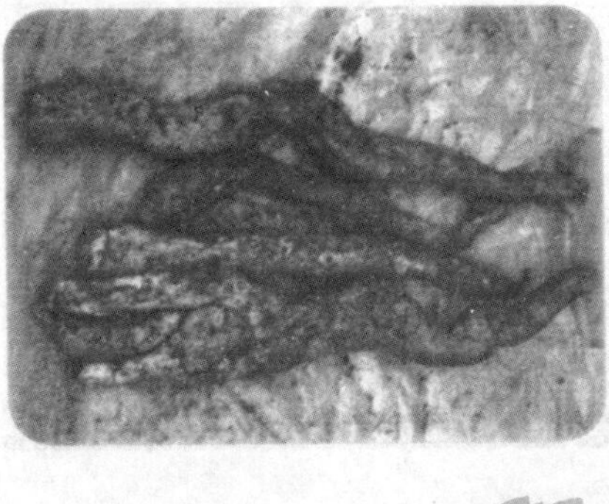

测算发现这种植物的果实竟比食糖甜9万倍！它是目前人们所知道的最甜的植物。

这种果实甜而不腻，而且嘴里的甜味能保持很久。由于它奇特的甘甜味道，被当地人称为“喜出望外”。

向上生长最快的木本植物——毛竹

毛竹是向上生长最快的木本植物。它从出笋开始，到长成竹只要两个月的时间，毛竹高达20米，相当于六七层楼房那么高。生长最快时，一昼夜能长高1米。因此人们常用“雨后春笋”来形容长高的速度快。

竹子的生长是一节节拉长，竹笋决定了竹子长成时的节数和粗细程度，竹子长成后就不再长高。而所有树木的生长，则是从幼芽开始，经几十年，乃至几百年的漫长生长过程长高长大的。相比而言，竹子的生长是独具风格的。

吸水能力最强的植物——泥炭藓

世界上吸水能力最强的植物是泥炭藓，它生长在沼泽地区或森林洼地，是一种苔藓植物。它丛生成垫状，通常呈淡绿色，干燥时呈黄白色或灰白色。这种植物吸水能力很强，它能吸收自身重量10倍~25倍的水分，其吸水能力是脱脂棉的2倍~2.5倍，的确是吸水能力最强的植物。泥炭藓的大型种类经消毒加工，可制成急救包或代脱脂棉做敷料。由于泥炭藓中含具有收敛

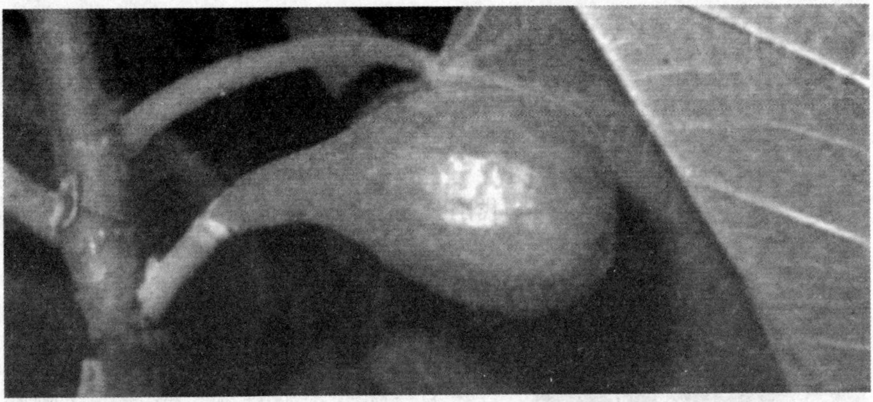

和杀菌作用的丁香醛、泥炭藓酚及多种酶，因此用做伤口敷料时，有促进伤口愈合的功效。

根长得最深的植物——无花果树

俗话说：“树有多高，根有多深。”可是想了解树木的根有多深，这个说法有一定的根据，但也不是十分准确。一般说来，生长在水里和湿地的植物因为更容易吸取水分、养料，所以它们的根长得短而浅。在池塘水面漂浮的浮萍，它的根长度不到1厘米。旱生植物尤其是在干旱缺水的沙漠里生长的植物，为了吸取更多的水分，根系则很发达，长得又深又长。

在南非奥里斯达德附近的回声洞里有一株无花果树，这株无花果树至今仍生长旺盛，它的根深入地下已有一百二十多米，要是放在地面上，足有40层楼那么高。这是世界上生长得最深的根了。

最有诱惑力的植物——瓶子草

瓶子草是一种食虫植物，是世界上最有诱惑力的植物，它为了捕食昆虫，会使用一系列诱饵来布陷阱。它的每个管嘴的周围都生长着一些腺体，这些腺体能够分泌出香甜的蜜液。管道内壁则排列着向下的毛，一旦蚊子被吸引过来，便逃脱不掉，蚊子的挣扎只是徒劳，等它精疲力竭，就会掉进具有消化能力的酶里，被消化掉。

最会“闻乐起舞”的植物——跳舞草

人或动物会跳舞，不是什么稀奇事，但植物会跳舞却是一件很稀奇的事情。在我国云南，有一种世界上最罕见的会“闻乐起舞”的植物，这就是神奇的跳舞草。跳舞草又名情人草、求偶草、多情草或风流草，它的触觉特别灵敏，像竹叶一样的草叶子会随着声波震动。当音乐声响起时，跳舞草的叶子就会随音乐旋律的高低快慢而上下跳动，翩翩起舞。音乐的节奏越快，它跳动得就越快；音乐节奏越慢，它跳动得也越慢。音乐停止时，它也就立刻停止了跳舞。因此，植物学家便给它取名叫“跳舞草”。跳舞草属于世界稀有植物，它全株可当药材，科研价值较高，同时也是著名的趣味观赏植物，有较高的观赏价值。

最有希望产“石油”的植物——光棍树

有一种树，名叫“光棍树”，这种树一年到头满树都是光溜溜的绿枝，十分奇特。光棍树一般高 4 米~9 米，春天开黄绿色小花。光棍树原产于非洲沙漠地区，为适应干旱恶劣的自然环境，减少水分蒸发，光

棍树的叶片逐渐退化、脱落，用绿色的枝干代替叶子进行光合作用。

光棍树白色的乳汁有剧毒，需特别谨慎以免中毒。但是，这种乳汁中碳氢化合物的含量很高，可以制取石油，成为石油的替代品。光棍树是世界上最有希望产“石油”的植物。

光棍树在我国广东、福建、海南一带也有分布。

最耐干旱的种子植物——沙那菜瓜

世界上最耐干旱的种子植物是沙那菜瓜。把沙那菜瓜贮藏在干燥的博物馆里 8 年，它不但没有干枯而死，每年的夏天还会长出新芽。其重量也只减少了 3.5 千克。其耐旱本领之强，在所有的种子植物中无疑也是首屈一指的。水在植物生长过程中有极其重要的作用。一般植物在生长期间要吸收相当于其自身重量的 300 倍~800 倍的水分。

虽然如此，在自然界里，也有一些植物能够适应长期干旱的环境照样生长、繁殖。这些植物对干旱的环境有很强的适应能力。例如沙漠中的仙人掌、仙人球等，都和沙那菜瓜一样耐旱。

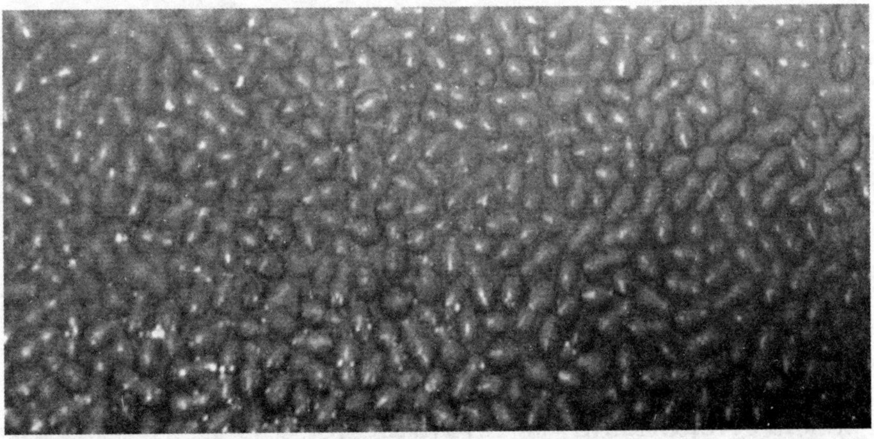

最小的有花植物——无根萍

无根萍是世界上最小的有花植物。无根萍的体内存在大量淀粉。目前，人们正在研究无根萍体内的淀粉合成过程。这种淀粉是一种很有前途的资源，很可能在未来成为代替大米和小麦的粮食。无根萍的

繁殖能力很强，每1平方米的水面，可以容纳100万个无根萍的个体，而且它们还会继续繁殖。这种形如细沙的水生植物还是饲养鱼苗的好饲料。无根萍顾名思义是无根的浮萍的一种，外形同一般的萍差不多，也是上面平坦，底下隆起。虽然微小，但它也开花，当然花更小，只和针尖一般大。

最高的仙人掌——墨西哥仙人掌

墨西哥的沙漠里多产仙人掌，那里的仙人掌多得简直像森林。仙人掌的种类很多，形态也千奇百怪：有球状的仙人球；有掌状的仙人掌；有圆柱状的仙人柱；也有鞭状、棍状的仙人鞭、仙人棒。这些仙人掌一般都很高。在墨西哥的下加利福尼亚有世界上最高的仙人掌，它的高度达17.69米，重有10 000千克。

最大的蔷薇

蔷薇是人类栽培的第一种庭园植物。

蔷薇通常是丛生小灌木，且带有小刺。世界上最大的蔷薇生长在美国的亚利桑那州，这棵蔷薇像大树一样高大，高达2.75米，树干直径有1.41米，它的枝条遮盖着的地面达501.3平方米，人们用68根柱子和几百米铁管作为支架搭起一座凉篷，150人可在这棵最大的蔷薇树下乘凉。

花期最长和最短的花——兰花和王莲花

俗话说：好花不常开，好景不常在。通常花的寿命是不长的，这是因为花儿都是比较娇嫩的，风吹雨打或是烈日的暴晒都会使它们很快枯萎，因此，花的寿命通常都比较短促。像玉兰、唐菖蒲等开花时间较长的花也只有几天的寿命；蒲公英的开花时间只有几个小时；牵牛花的开

花时间也只有 18 个小时上下；晚上 7 时~9 时开花的昙花则只开三四个小时就凋谢。人们常用“昙花一现”来形容昙花开花时间之短促。实际上，世界上寿命最短的花并不是昙花，南美洲亚马孙河的王莲花，只在清晨的时候开放，仅仅半个小时就凋谢了。在热带森林里生长的一种兰花，花可以开 80 天而不谢，它是世界上寿命最长的花。

最大最臭的花——大花草

世界上的花朵，不但形态颜色各异，而且大小也各不相同。池塘里的浮萍花朵直径不到 1 毫米，是世界上最小的花。世界上最大的花是大花草，这种植物生长在印度尼西亚苏门答腊森林里，其花朵直径达 1.4 米，相当于人们吃饭的圆桌那么大。它的 5 片花瓣又大又厚，外面带有浅红色的斑点，每片花瓣有 30 厘米~40 厘米长，一朵花重 6 千克~7 千克，呈面盆形状的花心里，可以盛 5 升~6 升水。

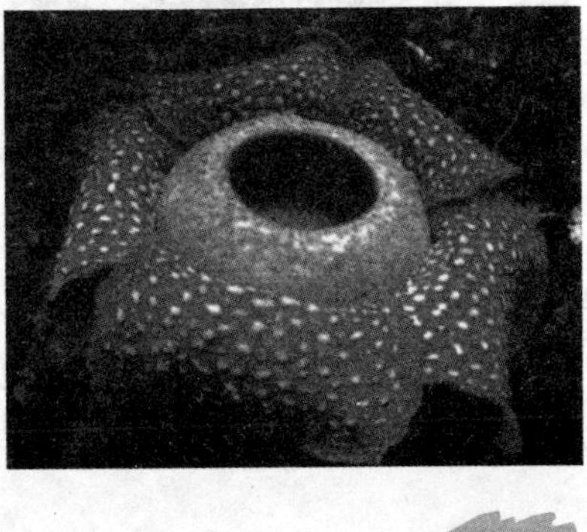

大花草属于寄生植物，寄生在像葡萄一类的蔓藤植物的根茎上。这种古怪的植物，本身是无茎无叶的，一

生只开一朵花。花刚开的时候，有一点香气，不到几天就散发出难闻的恶臭味。大花草就是靠这种臭味吸引某些蝇类和甲虫来为它传粉。大花草也是世界上公认的最臭的植物。它的臭味很像腐烂的尸体。还有一种生长在苏门答腊的密林里的巨魔芋，开花的时候，会发出烂鱼一样的臭味。也许臭味与它们花朵的面积有关联，大花草的花朵最大，而巨魔芋也是花朵较大的花之一。

最早的花——辽宁古果

世界上最早的花是1.45亿年前盛开在现在我国辽西地区的辽宁古果，它在很久以前就在地球上灭绝了。在被誉为“中国的侏罗纪公园”的辽西地区，科学家们发现了它的化石。

辽宁古果化石由主枝和侧枝组成，枝上生着十几枚果实。乍一看，果枝就像大豆的枝条，果实也很像常见的豆荚。辽宁古果的花很原始，不像现代的花那样美丽而完整，由明显的花瓣、花萼、花托、花蕊等组成，辽宁古果带叶的主枝和侧枝可以分别被看作是一朵花。作为迄今发现的最早的花，辽宁古果具有很大的科学研究价值。

颜色变化最多的花——弄色木芙蓉

大多数花，从花开到花落色彩基本上没有什么变化，但在有些情况下色彩却会发生改变。在自然界里，有一些花卉的颜色在一个周期里是会发生变化的。例如：金银花在初开时色白如银，过一两天后，颜色便会变成金黄色。还有一种生长在我国的樱草，在春天20℃左右时是红色的，到30℃的时候，花的颜色就会变成白色。八仙花在一些土壤中开粉红色的花，在另一些土壤中开蓝色的花。不仅如此，还有一些花在受精后颜色会发生变化。棉花在刚开花的时候是黄白色的，而在受精以后就变成了粉红色。杏花含苞的时候是红色，开放以后颜色渐渐变浅，最后几乎变成白色。

花朵颜色变化最多的是弄色木芙蓉。初开时花是白色的，第二天变成了浅红色，后来又变成了深红色，到花落的时候再变成紫色。花为什么会出现色彩的变化呢？这是因为花内色素随着温度和酸碱浓度的变化而变化所引起的。

花粉最大的植物——西葫芦

植物的花粉颗粒非常微小，大多数植物的花粉只有借助显微镜才能看清楚。而西葫芦的花粉颗粒，可以较容易地用肉眼看清楚，因为西葫芦花粉的直径大约有 200 微米。

西葫芦属一年生草本植物。矮生或蔓生的茎上长满绿色手掌状的叶子。黄色的花冠里布满了世界上最大的花粉。西葫芦的果实是平滑的长圆柱形或椭圆形。瓜皮颜色很多，有绿色、浅绿色、墨绿色或白色，西葫芦的果实上有绿色的条纹，成熟后果实逐渐变成黄色。西葫芦的种子形状扁平，呈灰白色或黄褐色。

西葫芦花粉营养价值相当高，因为存它的植物体中含有较高的维生素和蛋白质。西葫芦的花粉还具有医疗功效，它可以制成药剂，防治慢性前列腺炎、出血性胃溃疡、感冒等疾病，此外西葫芦花粉还有增强体质的作用。因此在许多饲养场，人们往往在猪、鸡、牛的饲料中加入少量西葫芦花粉来提高猪、牛的生产率和鸡的产蛋率。

历史上最昂贵的花——郁金香

荷兰是世界上最著名的郁金香之国，它的郁金香种植业极其兴旺发达，从首都阿姆斯特丹到海牙北部的沿海地区，到处可见花畦和温室，里边栽植着各种各样、五彩斑斓的郁金香。荷兰也是世界上最大的郁金香出口国，它每天都有大量娇艳芬芳的郁金香空运到世界各地，荷兰的

郁金香赢得了世界人民的广泛喜爱。17 世纪初，郁金香的培育和交易在荷兰开始普及。一颗白底红色条纹的郁金香球茎，甚至可以换到阿姆斯特丹运河区的一栋豪宅。荷兰人栽培出两千多种郁金香，有直径 15 厘米的巨型郁金香，有红、黄、白三色混合的郁金香，以及高雅的黑色郁金香等名贵品种，各种郁金香争奇斗艳，给人们的生活增添了亮丽的色彩。

最长的叶子

世界上植物的叶子形态各异，大小千差万别。最大的植物叶子大到可遮住一间小房子，而最小的叶子比鱼鳞还要小。南美洲的亚马孙棕榈的叶子有 25 米长，热带的长叶椰子的一片叶子就有 27 米长，竖起来有 7 层楼房那么高。因此它被公认为世界上最长的植物叶子。

最大的叶子——大根乃拉草

玉莲叶子是最大的水生植物叶子。玉莲叶子比荷叶要大很多。

玉莲叶直径达一米多，向着阳光的一面非常光滑而且是淡绿色的，背着阳光的一面则布满粗壮的叶脉，长满刺毛，其颜色是土黄色的。玉莲叶子浮在水面上，其边缘向上卷像只平底的大锅。在它的中央就是站上一个孩子，叶子也不会沉下去。

虽然玉莲的叶子是水生有花植物中最大的，但它却不是世界上最大的叶子。一种生长在智利森林里的陆生植物大根乃拉草的叶子比玉莲的叶子更大，它的一片叶子，能遮盖住3个并排骑马的人。人们用两片这样的叶子就可以搭一个三四个人住的帐篷。

最甜的叶子——甜叶菊叶

世界上最甜的叶子要属甜叶菊的叶子，它是一种多年生草本植物，原产于南美巴拉圭东部，当地人称这种植物为“巴拉圭甜茶”。每1千克甜叶菊的叶片便可提取约60克~70克的菊糖甙结晶，其甜度大约是蔗糖的300倍。甜叶菊在栽种的第一年便可长到0.8米左右的高度，第二年可达2米。可见甜叶菊的生长速度之快。它的茎呈浅绿或浓绿色，全身还长有甜绒毛。甜叶菊一般在每年9月中旬开花，花期有1个月左右。

甜叶菊的花一般呈白色，花冠呈细吊钟形，头状花序，由4朵~6朵小花呈伞房状排列。果实细长如纺锤，其颜色为褐色或黑褐色。

天文地理

广袤无垠的撒哈拉沙漠，古朴而沧桑的科罗拉多峡谷。承载着千古文明的爱琴海域……它们的存在，为地球刻上最醒目的记号。

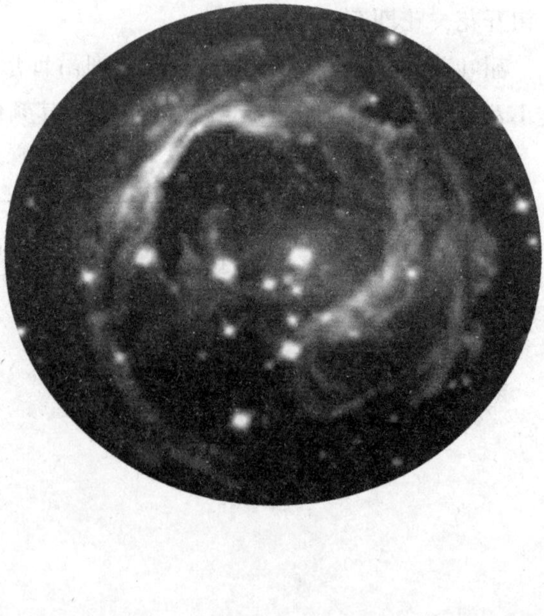

最厉害的宇宙爆炸——星系爆炸

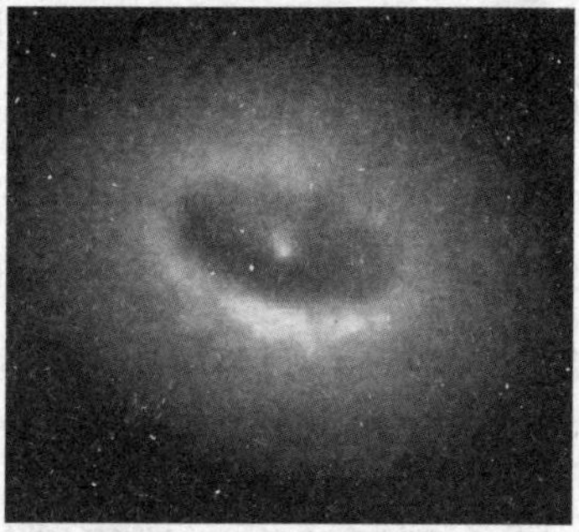

人们惊奇于原子弹、氢弹爆炸时所产生的巨大能量，可是，太阳每秒钟辐射的能量约为 3.826×10^{26} 焦，这相当于上亿颗氢弹爆炸所产生的能量。太阳已经存在几十亿年了，几十亿年来，太阳释放出了巨大的能量，然而，在我们眼中太阳所产生的巨大能量，对于银河系来说却是微乎其微的。有一种超新星在一个瞬间能释放出相当于1018颗氢弹爆炸所产生的能量，这相当于太阳能量的几千万倍。

宇宙中规模最大的爆炸是星系爆炸。人造卫星曾自动记录下一些数据，科学家从中发现了宇宙空间中一个星系的一次大爆炸，爆炸虽然只持续了0.1秒，但释放出的能量相当于太阳3 000年释放能量的总和，这是有记录以来最强大的一次能量爆炸。科学家们认为这次爆炸释放的能量比率比太阳的能量释放率大1 000亿倍，地球若处在与这次爆炸同样数量的能量中，会立刻汽化。

最亮的恒星

天狼星A（大犬座α），也叫作大犬座主星，位于大犬座星座，在人们用肉眼能够看得见的5 776颗星中，它是最亮的一颗，其视星等为-1.46。在冬季岁末最后几天，天狼星会出现在北半球正南方向。天狼星系距离地球大约有8.64光年，其亮度是太阳亮度的26倍。天狼星直径为2 333 485千米，质量为4.20×1027吨。与此相对应，天狼星B却是一颗微弱的白矮伴星，虽然直径只有9 655.8千米，重量却是地球的35万

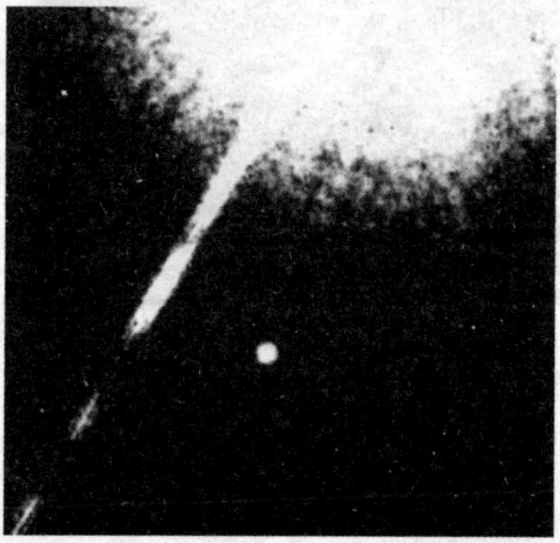

倍。据推测，天狼星将在公元 61000 年达到最大星等-1.67，那时它将会非常明亮。

但是，根据一个天文学小组的观测和计算，大约一千多年前，有一颗亮度远远超过天狼星的恒星在爆炸过程中产生的光曾到达过地球，这个恒星的亮度超过天狼星 100 倍。不同民族的史册对这一事件都作了详细的记载。现代的天文学家根据这些史册的记载推断出，这颗恒星发出的亮光是一颗超新星的爆炸造成的。他们利用现代望远镜对这一区域进行观测，测出了这颗恒星的位置和它距离地球的准确距离。

除太阳外距离地球最近的恒星——比邻星

银河系大约有一千多亿颗恒星，除太阳外，距离我们地球最近的一颗是比邻星。

比邻星位于半人马座，距离我们大约有 399.233 亿千米。虽然比邻星距离我们最近，但即使是用速度最快的宇宙飞船，在地球和比邻星之间往返一次也需要 17 万年。在现有的条件下，人类根本不可能实现这样的“旅行”。也许只有当科学真正发展到一定程度的时候，比邻星才会变成我们的“邻居”。

太阳系中最美丽的行星——土星

太阳系八大行星中，按离太阳由近到远计算，土星为第六颗，体积和质量仅次于木星，居于第二位，是一颗“巨行星”。

土星呈扁球状，它的赤道直径是地球的 9.5 倍，两极半径与赤道半径之比为 0.192。土星的质量是地球的 95.18 倍，体积是地球的 730 倍。虽然土星的体积非常庞大，但它的密度却很小，每立方厘米只有 0.7 克。土星内部的核心由岩石构成。核心的外面是由冰层和金属氢组成的壳层，最外面是一层色彩斑斓的云带，

它是八大行星中最漂亮的一颗。土星表面温度非常低，约为-140℃，土星的大气运动不明显。土星以平均每秒 9.64 千米的速度斜着身子绕太阳公转，其轨道半径约为 14 亿千米，绕太阳一周需 29.5 年的时间，公转速度非常慢，但是它的自转很快，赤道上的自转周期仅为 10 小时 14 分钟。

肉眼所见的最明亮的行星——金星

金星是人类用肉眼所能看到的最明亮的一颗行星。金星离地球非常近，人们常把金星称为地球的“孪生姐妹”。这种比喻非常恰当，因为金星的大小、质量以及外部大气层都与地球十分相似，每天早上人们都能最先看见在东方天际中发出光芒的金星，因此又称它为“启明星”。

20 世纪 60 年代，“金星号”和“水手号”探测器升入太空以后，人类揭开了金星的神秘面纱。原来，金星并非是人们想象中的一个阳光充足、生机盎然的星球，而是一个没有生物存在的星球，因为它的表面具有很大的气压和很高的温度，不适宜生物的生存。金星的表面温度高达 480℃，这使它成为太阳系中温度最高的行星。

最有名的超新星——变星

变星是指一颗本来很暗的恒星突然变亮的现象，这在恒星世界是非常常见的。变星的种类有很多，人们把亮度变化最剧烈的变星称为“超

新星”。

我国在1054年观测到的金牛座超新星，是一颗最明亮的超新星之一。我国《宋会要》中最为完整、精确地记载了这次超新星的爆发。这颗超新星在爆发时十分明亮，人们可以在明亮的白天看到它所发出的耀眼的光芒，而且它持续时间达23天之久。18世纪，英国人首次观测到这颗超新星爆发时抛射出来的气体壳层。从望远镜中看，它呈现出模糊的云雾状，因其外形与螃蟹非常相似，因此人们称之为“蟹状星云”。

最早的天文学著作——《甘石星经》

诞生于我国春秋战国时期的《甘石星经》是世界上最早的天文学著作，这部天文学著作是春秋战国时期的甘德和石申二人的天文著作的合集。

在这部著作里，石申和甘德通过对金、木、水、火、土五大行星的研究，发现了它们的运行规律，并把这些规律详细地记录了下来。这些关于恒星的记载汇聚成世界上最早的天文学著作，成为我国古代在天文学方面有卓著成就的代表。在这部著作中，石申还把他观测到的月亮的运行情况记录在其中，从而使人们掌握了月亮圆缺的周期性。

最早的日食记录——殷墟甲骨文

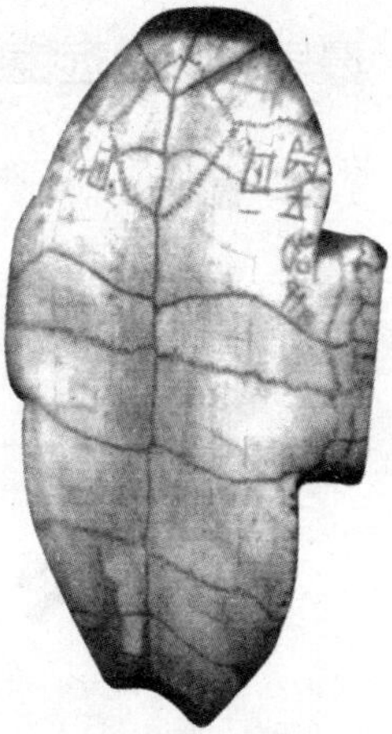

中国是世界上最早记录日食的国家。出土于河南安阳殷墟的甲骨文中翔实地记载了公元前1217年5月26日发生日食的情况：当时人们正在田间劳作，突然发现光芒四射的太阳出现了一个缺口，光色逐渐暗淡下来。一段时间过后，有缺口的太阳又慢慢地开始变圆了。这便是人类历史上关于日食的最早的可靠记载。

从这以后，我国古代的科学家继续对日食进行了观察和记录，保持了关于日食记录的连续性。在《春秋》这本编年史中就记载了公元前770到公元前476年之间出现的37次日食。日食记录的连续性和科学性，给科学研究提供了丰富的资料，并且形成了一套独特的研究方法，通过对日食成因和周期性的认识和总结，能够准确地预报日食，这也是我国天文学历史上的一项重要成就。

最早的太阳黑子记录——《汉书》

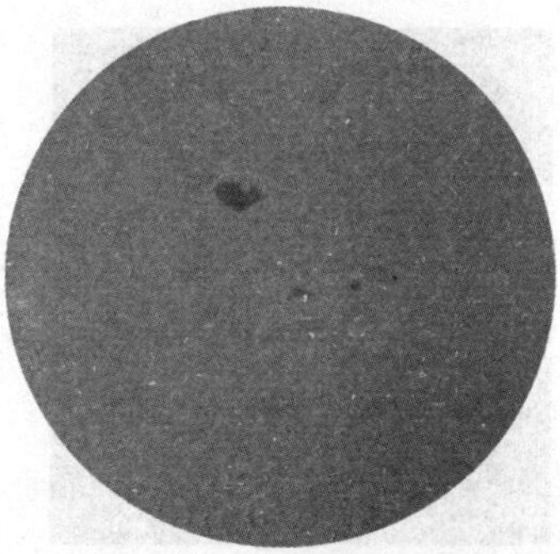

中国是世界上最早发现并记载太阳黑子活动的国家。

在汉代班固所编修的《汉书》中，有最早的太阳黑子的活动记录。《汉书·五行志》里有这样一段记载：“河平元年……三月乙未，日出黄，有黑气大如钱，居日中央。”史书所载的历史事实确证了我国早在公元前 28 年的汉朝就观测到了太阳黑子的活动。

我国古代不但有着世界公认的最早的太阳黑子记录，而且多次详细地记录了太阳黑子的活动。从汉朝的河平元年一直到明朝末年为止，大约记录了一百多次有明确日期的太阳黑子活动，在这些记录里，人们对太阳黑子的形状、大小、位置甚至变化都有详细记载。所有这些记载都成为我们研究太阳黑子活动及其对地球影响的珍贵资料。

最早发明望远镜的人——伽利略

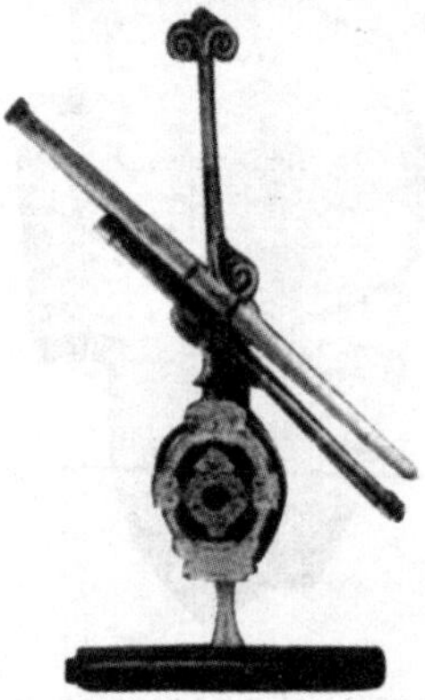

意大利科学家伽利略在 1609 年发明了世界上第一架望远镜。这架望远镜是利用透镜成像的原理来工作的。由一个凸透镜为物镜，目镜是一个凹透镜。当把凹透镜和凸透镜分别调整到适当的距离范围时，人的眼睛就可以在目镜中看到正立的、放大的像了。

伽利略发明的望远镜在当时已经可以把物体放大几十倍来进行观测。

伽利略用自己发明的望远镜对月球上的高山深谷进行了观测，发现了银河中的无数星体以及其他天文现象，从而有力地证实了哥白尼“地球围绕太阳运动”的学说。伽利略发明的望远镜为后来的天文工作者进行科学研究发挥了巨大作用。

世界第一高峰——珠穆朗玛峰

珠穆朗玛峰是世界第一高峰，它是喜马拉雅山脉的主峰，海拔 8 844.43 米，地处中国和尼泊尔边界的东段，北坡在中国西藏自治区的定日县境内，南坡在尼泊尔王国境内。

珠穆朗玛峰山体呈巨型金字塔状，地势极端险峻，环境异常复杂。北坡雪线高度为

5 800 米~6 200 米，南坡为 5 500 米~6 100 米。东北山脊、东南山脊和西南山脊中间夹着三大陡壁：北壁、东壁和西南壁，大约有 548 条大陆型冰川分布在这些山脊和峭壁之间，总面积达 1 457.07 平方千米，平均厚度为 7 260 米。印度洋季风带和两大降水带积雪变质形成了这些巨大的冰川。珠穆朗玛峰地形险峻，环境复杂，山顶终年积雪，天气变化很大，一天内天气状况也往往变幻莫测。同时，珠穆朗玛峰景色奇丽，山顶的冰川上冰塔林立，千姿百态，冰崩、雪崩区险象环生。

大陆上最低的地方——死海

地球陆地表面最低点是死海。西亚约旦河所流经的谷地，地势极其低洼，许多地区甚至低于海平面 300 米。死海便处于约旦河谷的尽头，死海的水面低于海平面 397 米，是世界上最低的地方。

死海南北长 80 千米，东西最宽处有 18 千米，面积达 1049 平方千米，平均深度为 300 米，最大深度 395 米。死海最深的底部处于海平面以下 792 米。由于含盐量巨大，人体的比重大大小于海水的比重，所以人就会漂浮在海水上面，人们即使不会游泳也不会被海水淹死。

最大的沙漠——撒哈拉沙漠

世界上最大的沙漠是撒哈拉沙漠，面积九百多万平方千米，地处北非，西起大西洋岸边，东到红海海滨，北起地中海岸，南到苏丹热带草原，横跨 11 个国家，约占非洲总面积的 1/4。撒哈拉沙漠是地球上日照

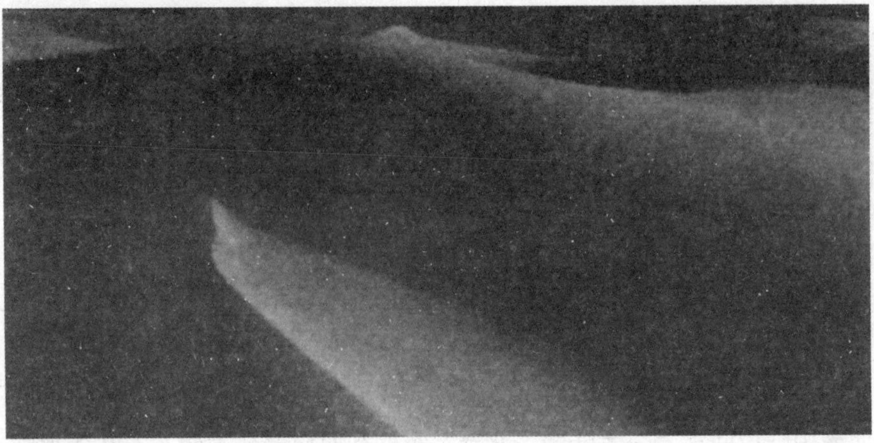

最多的地方，白天温度经常超过 38℃，夜晚温度却经常降到零度以下。撒哈拉沙漠地区干旱少雨。有些地区每年有 70 多天是沙暴天气，风使沙丘不断地改变形状。撒哈拉大约只有 1/5 的地方是由沙构成的，其余的地方是裸露的砾石平原、岩石高原、山地和盐滩。这里矿产资源丰富，有石油、天然气、铁、铀、锰等。

最高、最年轻的高原——青藏高原

青藏高原位于中国西南部，是世界上最高、最年轻的高原。它由中国西藏自治区和青海省的大部分，甘肃、四川和新疆维吾尔自治区的部分地区组成，面积约 200 万平方千米，平均海拔 4 500 米。地势大致由西北向东南倾斜，藏北高原海拔通常在 4 500 米~5 000 米以上，如阿里

地区谷地的海拔就高达 5 000 米以上，被称为“高原上的高原”；高原中部海拔约 4 500 米，到最低的东南部仍保持在 3 000 米左右的高度。因而人们把青藏高原誉为“世界屋脊”。青藏高原及其巨大的山脉，在上新世纪至更早新世纪时期由喜马拉雅山的运动抬升到现今的高度。也就是说青藏高原是在最近三五百万年里形成的，因而是世界上最高、最年轻的高原。现在喜马拉雅山和青藏高原还在继续升高。

最大的高原——巴西高原

位于南美洲中东部，亚马孙平原和拉普拉塔平原之间的巴西高原，面积达五百多万平方千米，占巴西国土面积一半以上，堪称世界上最大的高原。巴西高原大部分地区为热带草原气候，年均气温在 22℃ 以上，旱季和雨季分明。夏天雨季到来，草原上一片葱绿，是良好的天然牧场。一年中冬季的四五个月是旱季。巴西高原东南沿海为海洋性气候，降水季节分配均匀，河流从东南和南部流向其他三个方向，在高原边缘部分形成急流或瀑布。巴西高原东部为高高的脊状山岭，它像一座天然屏障屹立在大西洋沿岸。巴西高原不仅是巴西农牧业的主要产地，而且也是铁、锰、金刚石等矿藏的重要产区。

最大的盆地——刚果盆地

刚果盆地是世界上最大的盆地，面积约 337 万平方千米，它位于非洲中部。刚果盆地的中部是平原，外围被河谷和阶地层层围绕。刚果盆地中心部分最低处海拔只有 200 米，而四周的高原、山地一般在海拔 1 000米以上。刚果盆地中心有河流经过，水量丰富。刚果盆地是一个面积广大的内陆湖经地壳运动而形成的。刚果盆地地处非洲中西部，赤道横穿盆地中部。

刚果盆地一部分地处热带，那里盛产棕榈油、棕榈仁、天然橡胶、可可等热带经济作物。刚果盆地矿藏丰富，所产金刚石占世界总产量的1/3左右，锰矿石占世界总产量的12%，铜、钴、铀、锡、镭、铌等矿物产量也都居世界矿产的前列。

最低的盆地——吐鲁番盆地

世界上最低的盆地是位于中国西北天山脚下的吐鲁番盆地。它的面积约5万平方千米，东西长245千米，南北宽75千米。盆地的周围是高大的山峰，其中盆地北部的博格多峰是最高山峰。

盆地中部极度下陷，地势低洼，许多农田、村落都处于海平面以下。著名的艾丁湖在南部的山麓，湖面低于海平面155米，是中国陆地的最低点。吐鲁番盆地由于地势低洼而封闭，加上极其干旱、炎热的气候，故有“火洲”之称。吐鲁番盆地一年之中有半年处于炎热、高温的天气中。特别是每年6月~8月间，气温持续在38℃以上，甚至曾创下47.8℃的中国最高气温的历史纪录。

最大的平原——亚马孙平原

亚马孙平原是世界上最大的平原，其面积达560万平方千米。亚马孙平原西部为圭亚那高原，东部为巴西高原，两高原之间广阔的亚马孙

平原占巴西国土面积的 1/3 以上。亚马孙平原的河流拥有丰富的淡水，世界上 20 条大河的 10 条都分布在亚马孙平原上，其中以亚马孙河最为著名。亚马孙平原地处赤道附近，属于热带雨林气候，丰富的雨量使森林生长得特别茂盛，并形成了世界上最大的热带雨林区，这片雨林区占地球上热带雨林总面积的 50%，面积比欧洲还要大。亚马孙平原的自然资源十分丰富，物种繁多，生态环境纷繁复杂，生物多样性得以完好地保存。

最大的半岛——阿拉伯半岛

世界上最大的半岛——阿拉伯半岛地处亚洲的西南部，面积约 300 万平方千米，是中国国土面积的 1/3。阿拉伯半岛大部分地区是热带沙漠，气候炎热干燥，7 月份平均气温在 30℃ 以上，内陆的最高绝对气温达 55℃。阿拉伯半岛大多数年份年降水量不足 200 毫米，有的地方甚至几年不下雨。阿拉伯半岛盛产胡萝卜、甜瓜、洋葱、菠菜、苜蓿、椰枣等栽培植物和阿拉伯骆驼、阿拉伯马、安哥拉山羊、安哥拉兔等著名畜种。阿拉伯半岛蕴藏着丰富的石油资源，石油的储量和产量均居世界前列。阿拉伯半岛既是阿拉伯文明的摇篮，又是伊斯兰教的发祥地，而且在政治和军事上的战略地位十分重要。

最大的岛屿——格陵兰岛

格陵兰岛是一片白茫茫的冰雪世界，那里的地面上覆盖着厚厚的冰层。格陵兰岛是仅次于南极洲的世界第二大冰库，那里的冰层平均厚度达一千五百多米，如果这里的冰块全部融化的话，可以填满世界上最大的陆间海洋——地中海；如果让它流入海洋，全世界的海水就会升高6米~7米。作为世界第一大岛，格陵兰岛的面积达217.6万平方千米，相当于整个西欧的面积，比中国第一大岛台湾岛大60倍。格陵兰岛地处北极圈以内，从太阳那里只能得到有限的热量，所以格陵兰岛的冬季气候非常寒冷，经常会出现强烈的暴风雪天气。格陵兰岛的夏季，沿海岸一带呈现出一片绿色，岛上还生存着驯鹿、北极熊、北极狐和海豹等动物，近海还有鲸、鳕鱼和沙丁鱼等。格陵兰岛地下资源丰富，有多种金属矿，岛上生活着5万多居民，多为因纽特人。

最大的群岛——马来群岛

马来群岛位于亚洲大陆和大洋洲之间，由2万个大小不等的岛屿组成，总面积达248万平方千米，人们把马来群岛又称为南洋群岛。从岛屿数目和面积上来讲，马来群岛都算得上是世界上最大的群岛。

马来群岛具有典型的热带自然环境，盛产热带作物，其中椰子、油棕、橡胶、木棉、胡椒、金鸡纳树等的产量在世界上都位于前列。

马来群岛自然风光优美，吸引着来自世界各地的游客到这里观光度假。

最大的珊瑚礁区——大堡礁

澳大利亚东北海岸外一系列珊瑚岛礁总称为大堡礁，它沿昆士兰海

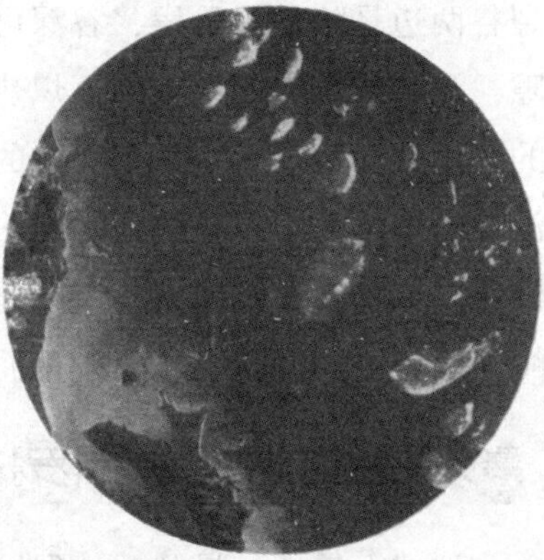

岸绵延两千多千米，大堡礁由 3 000 个岛礁组成，面积达 34.5 万平方千米，是世界上最大、最长的活珊瑚礁群。

大堡礁纵贯蜿蜒于澳洲的东海岸，全长 2 013 千米，最宽处达 240 千米。南端离海岸最远，有 241 千米，北端离海岸仅 16 千米。在大堡礁群中，色彩斑斓的珊瑚礁有红色、粉色、绿色、紫色和黄色。形状千姿百态，有鹿角形、灵芝形、荷叶形、海草形，构成了一幅色彩斑斓的海底景观。这里生活着大约 1500 种热带海洋生物，有海蜇、管虫、海绵、海胆、海葵、海龟（其中以绿毛龟最珍贵）以及蝴蝶鱼、天使鱼、鹦鹉鱼等各种热带观赏鱼，这里的巨毒石鱼、海蜇、巨型海蛇令人生畏。更让人大为惊奇的是，在大堡礁的四百多个珊瑚礁群中，有三百多个是活珊瑚。大堡礁里多姿多彩的珊瑚景色，吸引着世界各地的游客前来观赏。

最大的裂谷——东非大裂谷

东非大裂谷是世界上最大的裂谷带，其宽度约为几十至几百千米，深达 1 000 米 ~ 2 000 米，谷壁长可达地球周长的 1/6。大裂谷气势宏伟，景色非常壮观，被人们形象地称作“地球表面的一条大伤痕”。大

裂谷两边是陡峭的悬崖，谷深可达千米以上。谷底有两条平行的深长裂隙，深达地壳底部，是地下炽热岩浆喷出的通道，它是美洲大陆最活跃的火山带和地震带。大裂谷中的坦噶尼喀湖水深 1 435 米，马拉维湖水深 706 米，大裂谷里的大小湖泊是热带动物赖以生存的宝贵水源。埃塞俄比高原和东非高原就是由东非大裂谷谷岸流形成的。两座高原上的雪峰与裂谷遥相辉映，景色神奇而壮观。

最大的侵蚀地貌——科罗拉多大峡谷

地球上最大、最壮观的侵蚀地貌是美国科罗拉多大峡谷，科罗拉多高原经科罗拉多河的侵蚀，最终形成了一个最深、最宽、最长的大峡谷。科罗拉多大峡谷的形状极不规则，大致呈东西走向，总长 446 千米，像一条巨蟒蜿蜒在高原上。峡谷两岸北高南低，平均谷深 1 600 米，最深处有 1 800 米。谷底两岸的最宽处小于 1 000 米，最窄的地方只有 120 米。科罗拉多河在谷底汹涌向前，峡谷色彩丰富，岩层色调各异，富含铁的岩石呈红或红褐色，远远望去壮丽雄伟。科罗拉多峡谷暴露的岩层记录了北美大陆早期的地质历史，科罗拉多峡谷的谷底至顶部沿谷壁露出从前寒武纪到新生代各期的系列岩系，水平层次清晰，各地质时期代表性的生物化石均可在其中找到。

最著名的火山——维苏威火山

维苏威火山是世界上最著名的火山，位于意大利亚平宁半岛西海岸。现在，维苏威火山高 1 277 米，形成于远古时期，火山形状类似一个没有顶的圆锥体。火山口内，四壁非常陡峭，各种野生植物分布其间，岩壁的一侧有缺口。底部比较平坦开阔，不长草木。外缘山坡上覆盖着肥沃的土壤，非常适合农作物生长，因而孕育了山脚下赫库兰尼姆和庞贝两座繁荣的城市。

维苏威火山是一座活火山，在公元前曾多次喷发。维苏威火山经常发生地震，每一次地震都会给附近的城市造成相当大的损失。公元 63 年发生过一次大地震后，此处便小地震不断。公元 79 年，频率越

来越高，强度越来越大的地震终于导致了一次大的火山爆发。

最美丽的火山——富士山

富士山被日本人民当成民族的象征，它屹立于本州中南部，海拔 3 776米，是日本最高的山峰。富士山整个山体呈圆锥状，山峰高耸入云，山巅被白雪覆盖。富士山是一座休眠火山，公元前 286 年因地震而形成。在 1707 年富士山最后一次喷发，此后便沉寂下来，变成休眠火山。富士山山顶上有大小两个火山口，火山的喷发在山麓处形成了无数山洞，有些山洞至今仍有喷气现象发生。最美的富岳风穴内的洞壁上结满钟乳石似的冰柱，终年不化，是罕见的奇观，被称为“万年雪”。每年春天天气晴朗时，远远望去，蔚蓝的天空衬着白雪皑皑的山体，山下郁郁葱葱，还有盛开的樱花，远景、近景都分外美丽。

最高的死火山——阿空加瓜山

世界上最高的死火山是位于阿根廷与智利交界处的阿空加瓜山。阿空加瓜山海拔 6 960 米，是南美洲安第斯山脉的第二高峰。阿空加瓜山由第三纪沉积岩层褶皱抬升而形成，同时伴随着岩浆侵入和火山作用，火山顶部较为平坦。阿空加瓜山东、南两侧终年积雪，冰雪厚度达 90 米左右，形成了多条现代冰川，其中菲茨杰拉德冰川长达 11.2 千米，与奥尔科内斯河相汇合，一起流入门多萨河。阿空加瓜山的西侧山峰因降水较少，没有终年积雪，山麓多温泉。当中的印加桥不仅是著名的自然景观，同时还是疗养和旅游的胜地。

最长的山系——科迪勒拉山系

科迪勒拉山系是世界上最长的山系，纵贯美洲大陆西部，北起阿拉斯加，南到火地岛，长约 1.5 万千米，它由一系列平行山脉、山间高原和盆地组成。科迪勒拉山系属环太平洋火山地震带的一部分，其构造复杂，火山众多，地震频繁。科迪勒拉山系的北美部分主要由海岸山脉、内华达山脉、落基山脉组成。南美科迪勒拉山系以安第斯山脉为主干，荒漠、高原和山间小盆地夹杂在中段。北美洲部分山体较宽、较低，南

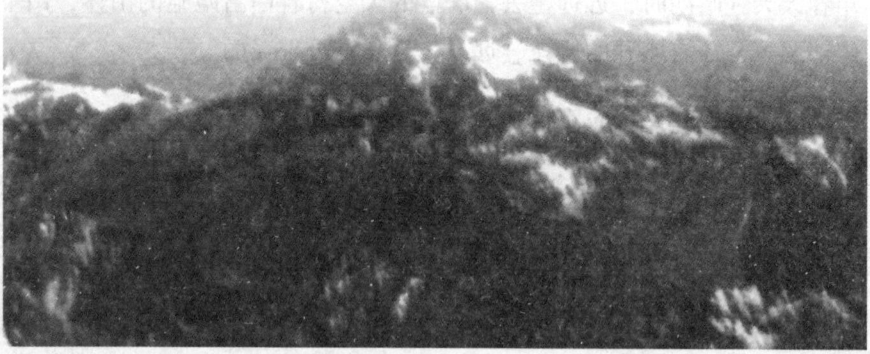

美洲部分山体较窄、较高。科迪勒拉山系自然环境复杂多样，地球上所有气候、生物带几乎都能在其中找到，形成多种不同的景观。科迪勒拉山系森林茂密，水力资源丰富，盛产铜、铅、锌、锡、金、银、石油、煤、硫黄、硝石等多种矿产资源。科迪勒拉山系像一个巨大的屏障，影响着南美洲的大陆气候、水文、地理、人文景观和交通布局。

最大的洋——太平洋

太平洋是世界上最大的洋，它位于亚洲、大洋洲、美洲和南极洲之间，东西最宽处约 19 000 千米，南北最长约 16 000 千米，面积约 1.8 亿平方千米，占全球面积的 35%，世界海洋总面积的 50%，超过了世界陆地面积的总和；太平洋也是体积最大的洋，体积为 70 710 万立方千米。太平洋平均深度为 3 957 米，马里亚纳海沟是太平洋的最深处，深度达 11 034 米；太平洋有岛屿一万多个，是岛屿最多的大洋，其中较大的岛屿将近 3 000 个；太平洋是世界上最温暖的大洋，海面平均水温为 19℃；太平洋水产资源最为丰富，有许多海洋生物，如浮游动物等；太平洋也是火山地震发生最频繁的地带，太平洋周围分布着占世界 80%的火山和地震区，约占世界 70%的台风是在太平洋生成的。

最小的洋——北冰洋

北冰洋是世界上最小的洋，它地处亚欧、北美大陆和格陵兰岛之间，面积为一千五百多万平方千米，平均深度约 1 200 米，最大深度约 5 500米。白令海峡把北冰洋周边的陆地分为两大部分：一部分是欧亚大陆，另一部分是北美大陆与格陵兰岛。北冰洋从每年 11 月开始进入冬季直到第二年 4 月。5 月～6 月和 9 月～10 月是这里的春季和秋季，夏季短暂，只有 7 月、8 月两个月。北冰洋的气温在 1 月份达到最低，约为-40℃～-20℃，北冰洋气温 8 月份最高，但气温仍在零下。北冰洋 2/3 的海面被冰雪覆盖，由于洋流的运动，北冰洋表面的海冰总在不停地漂移。北冰洋里的鱼类主要是北极鲑鱼、鳕鱼等；哺乳动物有海豹、海象、鲸、海豚、北极熊等。北冰洋不仅有丰富的鱼类资源和各种动物，矿产资源也十分丰富。北冰洋海底有锰结核等矿床，已发现两个海区里可能有大量的石油和天然气。

最小的海——马尔马拉海

马尔马拉海是世界上最小的海，它位于土耳其西部，面积仅为 1.1 万平方千米。人们在海洋中航行的时候，可以清楚地看到它的两岸，因此称马尔马拉海为海中的“侏儒”。马尔马拉海全长 280 千米，宽 80 千米，呈椭圆形。它的东北部通过博斯普鲁斯海峡与黑海相连，是黑海地区通往外海的重要航道。马尔马拉海通过西南面的达达尼尔海峡与地中海相连。从地质年代上考察，马尔马拉海还非常年轻，它从形成到现在大约只有 100 万年。

最古老的海——地中海

地中海是世界上最大的陆间海，它位于欧、亚、非三大洲之间，自古就是通往三大洲的交通要道。通过地中海，埃及、希腊、古罗马的文明得以传播。地中海的属海有伊奥尼亚海、亚得里亚海、爱琴海等。地中海的气候非常特别，夏季干热少雨，冬季温暖湿润。周围河流冬季涨满雨水，夏季干旱枯竭。气象学把这种特殊气候称为地中海气候。现在，地中海是大西洋的附属海，但在地质史上，它比大西洋还要久远。大约在 6 500 万年以前，古地中海是辽阔的特提斯海，范围很大，仅次于太平洋，而那时大西洋还尚未形成。

最热、最咸的海——红海

位于非洲东北部与阿拉伯半岛之间的红海，是印度洋的边缘海。红海的表层海水中繁殖着一种蓝绿藻，这种海藻死后变成红褐色，还会把海面染红，红海由此而得名。红海也是世界上水温最高的海，在 8 月份。红海的表面温度可高达 32℃，更让人惊奇的是，深海盆区的水温可达 60℃。红海受副热带高气压带控制，又受到阿拉伯半岛和北非的热带沙漠气候干热风的影响，常年闷热，因此水面温度很高。那又是什么原因导致深海水温特别高的呢？人们根据 20 世纪 60 年代海底扩张和板块构造学说推断出，在非洲和阿拉伯半岛之间，地壳下地幔物质对流引起地壳张裂，便形成了今日的红海。海底扩张形成了地壳裂缝，岩浆沿裂隙不断上涌，使海底的岩石不断变热，因而海水温度很高。同时，从陆地流入红海的淡水很少，蒸发得又特别快，所以红海又成为世界上最咸的海。

岛屿最多的海——爱琴海

爱琴海是世界上岛屿最多的海，它位于希腊半岛和小亚细亚半岛之间，是地中海的一部分。爱琴海海水湛蓝，沙滩清洁，几米深的海水依

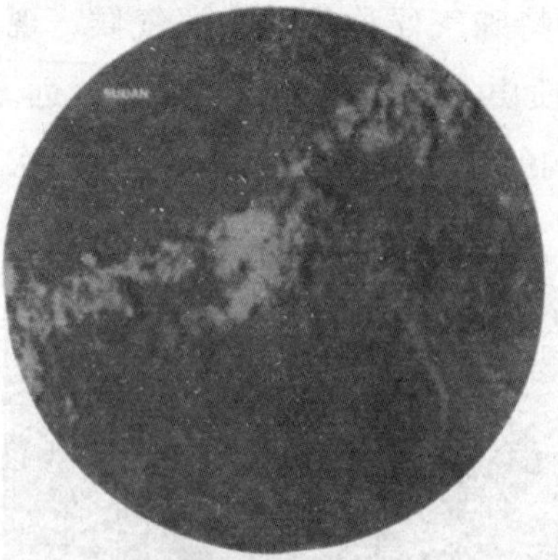

然透明清澈。爱琴海的海岸线非常曲折，数以千计的大小岛屿散布在美丽的爱琴海上，如米科诺斯岛、帕罗斯岛、桑托林尼岛和145个小岛组成的基克拉泽斯群岛等。作为古希腊文明摇篮的爱琴海是著名的观光避暑和考古胜地。圣托尼岛风景优美，岛上的建筑大多有雪白的墙壁和蓝色的圆形屋顶；萨摩丝雷斯岛因公元305年岛上立起的一座胜利女神大理石雕像而闻名于世；米科诺斯岛上有三百多间教堂，富有威尼斯情调；最大的克里特岛是爱琴海南部的门户，岛上曾建有规模宏大的宫殿。

最深的海沟——马里亚纳海沟

位于太平洋中西部马里亚纳群岛东侧的马里亚纳海沟是世界上最深的海沟。马里亚纳海沟南北长2 850千米，宽度为70千米，陡崖近乎直立，深深切入大海的底部。

经科学家对马利亚纳海沟进行的详细探测，通过超声波探测到马里亚纳海沟形成已有6 000万年的历史，并发现在它的西南部还有一条特别深的海渊，其中最大深度达1 102米，这是迄今为止世界海洋中已知的最深的海沟。

最大的海湾——孟加拉湾

世界上最大的海湾是孟加拉湾。它属于印度洋，北靠孟加拉国。恒河和布拉马普特拉河从北部注入孟加拉湾，在湾顶形成了宽广的河口和巨型三角洲。

孟加拉湾是热带风暴孕育的地方：台风产生于西太平洋，袭击菲律宾、中国、日本等国；而飓风产生于大西洋，袭击美国、墨西哥等国。每年4月~10月当地夏季和秋季之交，猛烈的风暴常常伴着海潮，掀起滔天巨浪，呼啸着向恒河、布拉马普特拉河的河口冲去，风浪很急，大雨倾盆，常常造成巨大的灾害。

最大的湖泊——里海

里海不是海，而是世界上最大的湖泊。它位于欧亚大陆之间，它的西南面和南面是高加索山脉和厄尔布尔士山脉的连绵雪峰，里海的三面是辽阔的平原。

里海之所以是世界上最大的湖，是因为它占全世界湖泊总面积的14%，比北美五大湖的面积总和还大，相当于日本全部国土的面积。里海南北狭长，形状类似“S”形，因此它又是世界上最长的湖泊。里海位于荒漠和半荒漠环境之中，气候干旱，蒸发非常强烈，湖水不断减少，故含盐量不断增加。里海面积大，水又咸，常有狂风巨浪。里海原是古地中海的一部分，经过地壳运动，最后分离成为一个内陆湖泊。

最深的湖——贝加尔湖

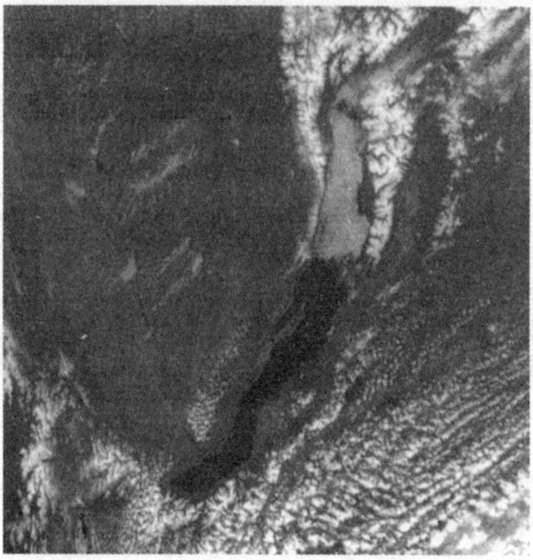

俄罗斯西伯利亚的贝加尔湖是世界上最深的湖泊，它的最深处为 1 620 米。贝加尔湖四周是茫茫的林海，湖水水质特别好，它的淡水资源容量是地球全部淡水资源容量的 1/5，相当于北美洲五大湖泊的总储水量。

贝加尔湖中有丰富的动物和植物，现在已经发现了一千二百多种动物和六百多种植物，其中有 3/4 是世界珍奇动物。最让人惊奇的是，贝加尔湖是淡水湖，但湖中却有海洋生物，诸如海豹、海螺、龙虾等。至于贝加尔湖中为什么会有海洋生物，至今还是个谜。

最大的淡水湖群——五大湖

世界上最大的淡水湖群——五大湖，位于美国东北部与加拿大交界处，是五个相连的大湖的合称。这五个湖从上游至下游依次为苏必利尔湖、密歇根湖、休伦湖、伊利湖和安大略湖，总面积有 2 452 万平方千米。在五大湖中，除伊利湖外，其他各湖的湖地均低于海平面，其中安

大略湖湖地最低，在海平面以下150米。湖水平均深度为99米，安大略湖的总蓄水量约221万立方千米。湖面由西向东逐渐降低，最后从安大略湖汇入圣劳伦斯河，最终流入大西洋。位于最上游的苏必利尔湖是世界上最大的淡水湖，面积达8.24万平方千米，蓄水量为五大湖总蓄水量的一半以上。

最长的河流——尼罗河

尼罗河是世界上最长的河流，它发源于东非高原，从南到北纵贯埃及全境，最后在埃及境内注入地中海，全长6 671千米，尼罗河在埃及境内长达1 530千米。在埃及首都开罗以北形成了面积达25万平方千米的巨大的三角洲平原，成为了埃及最富饶的地方，这块占全国总面积1/4的平原，养育了全国90%以上的人口。

尼罗河也是埃及文明的发祥地，现在尼罗河区域还保存着古埃及的历史遗迹。尼罗河河水经常泛滥，给两岸留下了肥沃的淤泥，埃及的农民们在尼罗河沿岸的土地上种植小麦和蔬菜。他们开掘河道，修建水渠，将尼罗河水引上两岸，灌溉农田，使尼罗河流域成为驰名中外的“鱼米之乡”。

最大的内陆河——伏尔加河

伏尔加河是欧洲最大的河，也是世界上最大的内陆河。伏尔加河发源于东欧平原西部的瓦尔代丘陵，最后注入里海，全长3 530千米，汇集了约15万个支流，流域面积是东欧平原总面积的1/3，几乎是法国、意大利和西班牙3个国家面积的总和。伏尔加河是俄罗斯最主要的内河航道，承担了约占全国2/3的河运总量。

作为俄罗斯民族文化发祥地的伏尔加河流域，目前居住着2/5的俄罗斯人口，农业、工业、渔业产值约占全国总产值的1/4。由于伏尔加河在俄罗斯的国民经济和人民的生活中起着非常重要的作用，俄罗斯人民称其为母亲河。

科学技术

站在科技的最前沿，感受人类社会的不朽之作，聆听时代的最强音。科学的号角在这里吹响，在飞速发展的同时请不要忘记曾经的辉煌。

最小的电阻

电阻就是对电流产生阻碍作用的物质，各种材料都具有这种属性。一般来说，电阻的大小与温度成正比。以前人们错误地认为，只有温度降到绝对零度，电阻才会为零。后经科学家研究发现，很多材料的电阻在接近绝对零度的某个温度上就会降到零，此时材料就变成了没有电阻的超导体，这就是超导现象。

1911年，科学家翁纳斯在做低温条件下汞的电阻与温度关系的实验中第一次发现了超导现象。在实验中，他发现汞的电阻在略低于某一温度时，可以降至无法测量的值。由于在低温下导体会失去电阻，所以撤去电源后，电流仍可经久不衰。这种超导电流持续流动的最长记录是两年。利用超导体没有电阻的特点，通以极大的电流，就可以产生出极强的磁场。根据这一原理，科学家制造出了超导磁铁、超导电灯等，极大地方便了人类的生活和生产。

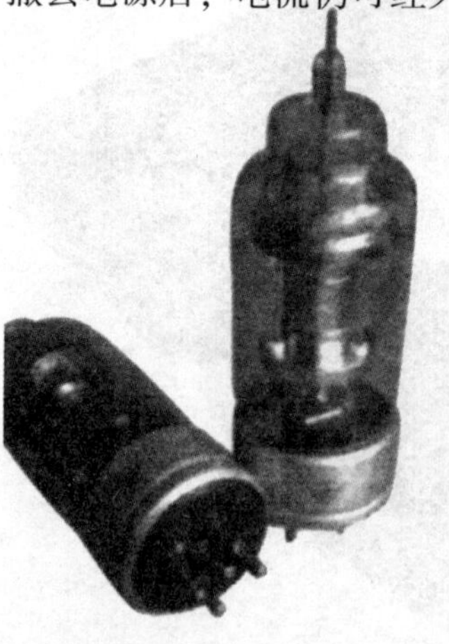

最早的电子管

1904年，英国物理学家弗莱明发明了世界上第一只电子管，电子管的发明标志着人类从此开始步入电子时代。弗莱明的电子管是在前人研究的基础上研制成功的。他用一个金属筒代替了爱迪生在进行白炽电灯实验时所用的金属丝，并把它套在灯丝外面。然后分别将它们接在电源的两极。打开电源，金属筒和灯丝之间就会有电流通过，世界上第一个电子管就这样问世了。电子管首先被应用到了无线电报的接收机上，后来又在电视、微波炉等各种用具中发挥了很大的作用。虽然有更为高级的晶体管问世，但电子管仍在很多科技领域中发挥着重要作用。

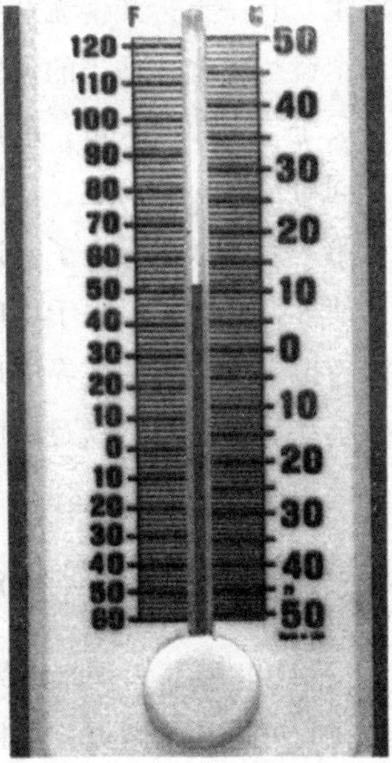

最早的温度计

1603 年，意大利科学家伽利略发明的温度计，被认为是世界上最早的温度计。这个温度计的底部为球状的玻璃管，管外标有刻度。它利用气体热胀冷缩的原理来测量温度的变化。用其测量外界的温度时，先用双手握住玻璃管的球部，使球体内部的空气因为受热膨胀而溢出一部分。然后再把玻璃管倒置于水中，放开手使管内空气受冷收缩，这样水就被吸入玻璃管了。玻璃管上刻着的刻度可以反映被测物体的温度。由于周围温度的变化，玻璃球内的空气热胀冷缩。使管内的水柱随之升降。人们把伽利略的这种温度计称为空气温度计。

由于伽利略温度计水面是外露在大气中的，水柱的高低会受到大气压的影响，即对测量温度的准确性有很大的影响。

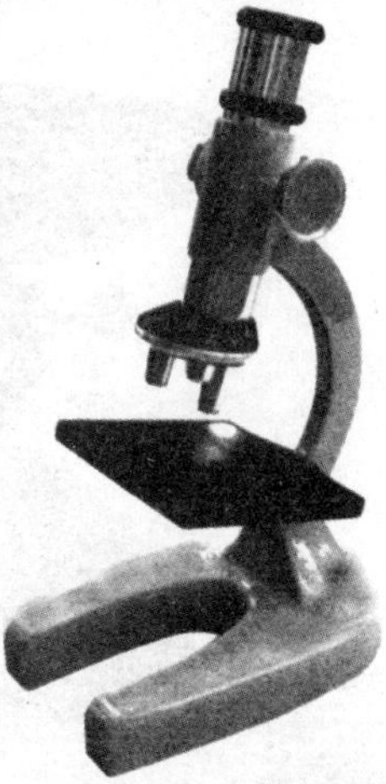

最早的显微镜

最早的显微镜诞生于 16 世纪末期的荷兰，它的发明者是眼镜商札恰里亚斯·詹森和他的儿子江生。有一天，江生无意中将两片大小不同的镜片重叠在一起。当他把两个镜片放置在适当的位置时，有很多小东西突然变得很大。这一发现使父子二人非常兴奋，他们随即动起手来——将两个不同的镜片安装在不同口径的小铁筒里，使两个镜片间的距离可以随意调整。这样，世界上第一台显微镜诞生了。这是人类科技发展上的重大突破。显微镜的发明使人类摆脱了仅限于用肉眼，或者是借助简单的透镜来观察事物的局限，把一个全新的世界展现在人类的视野范围内，使人类第一次看到了微小动物和植物，以及构成人体和动植物体的细胞，为生物学的发展准备了条件。

最精密的天平——4108 型天平

“4108 型”天平是世界上精密度最高的天平。它所能称量的物体中最轻的可达 0.5 微克，其精确度更达到了 0.01 微克，即 1×10^{-8} 克。也就是说，如果科学技术发展需要了解一页纸中的一个问号所用的墨水重量的 1/60 是多少，或者是一根头发丝的几千分之一是多重，这台天平都可以给你一个准确的答案。随着科学技术的发展，也许有一天将会有更加精密的天平来取代“4108”型天平。

最早发现雷电秘密的人——富兰克林

在古代，人们普遍认为雷电是上帝的使者，天上生活着专门掌管雷电的神仙。美国科学家富兰克林通过实验发现了雷电这种自然现象的本质。推翻了有神论的错误观念，从而成为现代电学的先驱者。

1752年夏天，在一个雷电交加的夜晚，富兰克林冒着生命危险进行了著名的“费城实验”，他将一只风筝放到空中，当乌云放电时，电流通过风筝线传到他手上，这是人类第一次直观地感受到电的存在。通过这次实验，富兰克林发现了雷电在本质上是一种大规模的放电现象。下雨的时候。大气层在上升和下降过程中会发生剧烈摩擦，从而使一部分云层带正电，一部分云层带负电。这两种带有相反电荷的云层互相靠近时，就会发生电的中和作用，从而产生放电现象，并伴有耀眼的光芒和巨大的响声。

最早的无线电通信机

奥斯特在1820年发表的“奥斯特试验”第一次揭示了电流能够产生磁的物理现象。1831年，法拉第发现了电磁感应定律。到1873年，麦克斯韦提出了电磁场理论，他对电磁波的一些基本性能进行了描述。在这些理论的基础上，赫兹于1888年成功地在导线中激起了高荡频率，并在导线周围测得了电磁场，证明了电磁波的存在。

受赫兹的试验启发，人们开始研究利用电磁波传递信息的无线电通信，并做了大量的相关试验。1895年5月7日，俄国物理学家亚历山大·斯捷潘诺维奇·波波夫在俄国物理化学学会上第一次公开表演了他所发明的名叫“雷电指示器”的无线电接收器。他在1896年的同学会上表演了距离为250米的无线

电通信。不久意大利科学家马克尼就将无线电辅助实用，并申请了专利。

最早发明元素周期表的人——门捷列夫

世界上最早的一张元素周期表是由俄国化学家门捷列夫于1869年3月提出的，这一发明为化学的发展作出了重要贡献。

门捷列夫曾写过著名的化学专著《化学原理》。在写这部书的过程中，他深入探索了元素性质之间的关系，并对所有已知元素按照原子量大小的顺序进行了排列，试图研究出元素性质的变化规律。正是在这一实践的基础上，他提出了化学元素周期表的构思。元素周期表的发明，得到了科学界的一致认可，并为化学的理论研究奠定了基础。

发现化学元素最多的化学家——汉弗莱·戴维

英国著名化学家汉弗莱·戴维，在短短的两年时间里通过实验发现了8种元素，其中包括钾、钠、钙、钡、镁等重要金属元素，堪称世界上发现化学元素最多的人。22岁的时候他就已经发表过有关气体研究的专著，并被聘到英国皇家研究院担任重要职务。在化学研究过程中，他采用电解的方法分解了多种化合物，而这些化合物在当时被认为是不可再分解的元素。他的这些发现震惊了当时的科学界，同时也为化学的

发展作出了极大的贡献。

最硬的物质——金刚石

金刚石是世上最美丽的矿物质，也是硬度最高的物质，其有“硬度之王”的美称。

金刚石被广泛地应用于机械、电气、航空、精密仪器仪表和国防等众多工业部门。人们通常用它来制作高速切削用的车刀和钻孔器，或者制作切割各种玻璃的玻璃刀。人们还用金刚石制成野外勘探的勘探头。金刚石除了硬度大以外，还是良好的半导体，可应用于各种尖端科学技术，对科技的发展起了巨大的促进作用。

最轻的化学元素——氢

人们经常往空中放飞五颜六色的气球来庆祝节日的来临。这些气球能轻盈地飘荡在天空中而不降落，是什么原因呢？这是因为它们的“肚子”里面充满了氢气。所有化学元素中最轻的就是氢了。在标准条件下，氢气的密度是 0. 089 克/升。

在地球上，氢主要以水的形式存在，是自然界中非常普遍的一种元素。18 世纪 80 年代，法国化学家拉瓦锡为它取名为 Hydrogen。1783 年，氢气第一次应用在工业中，现在氢气已成为人们生产和生活中离不开的重要能源了。

最重的金属——锇

锇是世界上最重的金属，它呈灰蓝色，密度为 22. 48 克/立方厘米。我们平时认为很重的金属如铁、铅等物质，跟它比起来就显得相形见细了。举个例子来说，同样体积的铁的重量是锇的 1/3，同样体积的铅的

重量也只是锇的 1/2。除了重量这一最主要的特性之外，锇这种金属还非常耐磨，人们根据这种性质用它来做钢笔的笔尖，我们平时常用的铱金笔，笔尖上那个银白色的小圆粒就是金属锇的合金。除此之外，锇还是重要的工业原料。

最轻的金属——锂

1817 年瑞士化学家阿尔费特森发现了自然界中最轻的金属元素锂。锂是一种具有银白色光泽的金属，密度为 0.534 克/立方厘米，有人曾举了这样一个例子：如果用锂做一个火车头的话，只要两个人就可以轻而易举地将它抬起来，这形象地说明了锂元素非常轻的物理性质。

由于具有比重轻、柔软性高等特性，锂在工业中的用途十分广泛。在制造玻璃的时候，如果加入一些锂，就可以增加玻璃的韧性。锂元素可以用来做充电锂电池，锂元素的这些用途为人们的生活提供了极大的方便。

地壳中含量最多的元素——氧

氧是地壳中含量最多的元素，在空气中约占空气总体积的 1/5，而在地壳中氧元素的含量为 48.6%。氧气是一种无色无味的气体，人们通常所说的氧，一般意义上就是指氧气。氧是参与人体以及各种动植物体的物质代谢和能量代谢的基本物质，是生物所赖以生存的最重要的物质。

氧除了对动植物体有重要意义外，在工业以及医学上用途也十分广泛。在工业中，氧气可用以获得高温火焰，所以常常被用来切割金属等硬度比较大的物质。此外，在医院里抢救病人也离不了氧气。就连被我们誉为生命之源的水，其组成成分中大部分也是氧。作为一种重要的元素，氧气在我们生活的每一个部位都有重要作用，如果离开了氧，我们的生命活动和生产活动将无法进行。

地壳中含量最多的金属元素——铝

铝是我们日常生活中最常见和接触最多的金属，我们平时所用的日常生活用具很多都是用铝制成的。铝的含量占地壳总量的7.51%，是铁含量的2倍，大约占地壳中金属元素总量的1/3，铝被发现之后，在短短一百多年中，为人类的发展作出了巨大的贡献。铝由于密度小、导电导热性能好，常被人用来做导电导热材料，而且铝的合金也是制造工业产品不可缺少的原料之一。由于储量丰富、容易提炼，铝越来越广泛地被人们所利用在生产、生活之中。

最普通的人类疾病——鼻感冒

鼻感冒是人类最普通的疾病。医学上把鼻感冒称为普通感冒（俗称伤风），这种感冒是由鼻病毒引起的上呼吸道感染。鼻感冒发病状况比较轻微。通常小孩患此病的症状较重，体温常常较高，还可能引发呼吸道疾病；成年人患此病，一般不发热或仅有一些微热，同时伴有轻度头痛。这种普通感冒具有很高的传染性和散发性，非常容易在气候突变时流行，因而无法非常有效地预防。

世界公布的首例艾滋病

美国疾病控制中心在1981年6月向全世界公布了首例艾滋病，并把此症命名为“获得性免疫缺陷综合征”。艾滋病这种严重危害人类生命的疾病一经公布，便立即引起了全世界各国生物学家和医学家的高度重视。1988年2月1日，世界卫生组织成立了全球预防艾滋病规划处（GDA），以便指导和协调全球预防艾滋病的工作。此外，世界卫生组织还同联合国开发计划署（UNDP）结成联盟，联合开展对抗艾滋病的行动。

目前，艾滋病的研究已经取得了很大进展。生物学界已成功地分离出了艾滋病毒，并把它命名为“人类免疫缺陷病毒（简称HIV）”。总之，随着科学和医学的发展，人们一定能凭借自身智慧攻克艾滋病毒。

最早的叩诊

最早的叩诊流行于19世纪初的法国。医生通过用手指叩击人体的某一部位，根据各部位密度、质地及其内部的器官中气体和液体含量的不同所产生的各种不同的声音，来判断各器官的生理状况。

1818年，人们又在直接叩诊法的基础上，创造了叩诊板和叩诊锤，叩诊法由此广泛应用于医疗诊断。

1838年，维也纳著名医生克斯科达将声学原理应用于叩诊的研究，

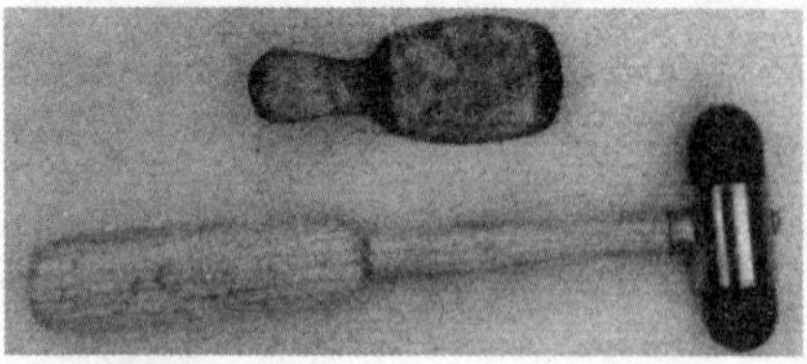

深入系统地对出现不同叩击声音的原因进行了阐述。叩诊已成为现代临床医学常用的一种物理诊断方法。

最早的听诊器

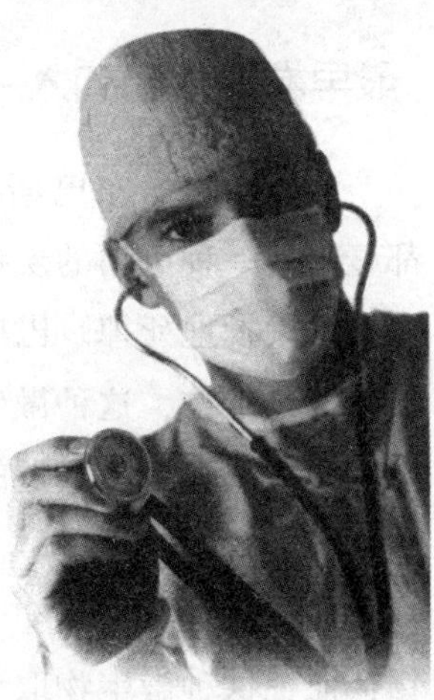

一百六十多年前，法国医生勒内·雷奈克发明了世界上最早的听诊器。由于在看病的过程中，医生经常需要听听病人的心跳和呼吸，雷奈克便一直想找一种能够将心跳声传入耳朵的装置。

有一天，他看到一群孩子正围着一堆木头玩耍。其中一个人用大铁钉在木头的一端敲打，其他人在另一端把耳朵贴在木头上听，大家玩得十分开心。于是，他也去听了听，发现敲击木头的声音可以很清晰地传过来。受到这个游戏的启发，他自制了一个木管子，把它贴在病人的胸口听，发现效果很好。于是，他就仿照木管子，做了一个喇叭形的象牙管，再安上两根柔软的管子，这样，世界上第一个听诊器诞生了。

最早的麻醉剂——麻沸散

麻醉剂是进行外科手术所不可缺少的药剂。它的发明大大减轻了人们在手术中的痛苦。我国东汉时期的名医华佗发明的麻沸散是世界上最早的麻醉剂。麻沸散的发明，对外科医学具有划时代的意义。华佗发明的麻沸散有着翔实的史料记载，并得到了国际医学界的公认。在美国人拉瓦尔所著的《药学四千年》一书中曾对麻沸散的成分进行了研究，他说："中国的华佗，曾运用这一技术，把一些含有乌头、曼陀罗及其他草药的混合物应用于此目的。"也有研究者认为，医书《华

佗神方》中记载的麻沸散，其成分为羊踯躅、茉莉花根、当归、菖蒲4味药。

最早发现病菌的人——巴斯德

法国生物学家巴斯德最早发现了病菌的存在。1865年，整个欧洲都蔓延着一种可怕的疾病，这种病主要出现在农民养的蚕身上，它导致蚕大批大批地死掉。巴斯德在研究病因的时候，发现在蚕和桑叶上生存着一种微生物，这种微生物能够游动，而且繁殖得非常快。他让农民把生了病的蚕和蚕接触过的桑叶统统烧掉，才使这种流行疾病得到了有效控制。

在这次灾难性的事件中，巴斯德发现了一种能够导致病痛的微生物，他把这种微生物取名叫"病菌"。此后，他又发现了多种致病的病菌，并找到了相应的治疗办法，为人类的健康事业作出了巨大贡献。

第一个发现癌病毒的人——劳斯

美国纽约市洛克菲勒研究所的内科医生和病毒专家弗朗西斯·佩顿·劳斯是第一个发现癌病毒的人，同时他还提出了癌性肿瘤是病毒所致的观点。

1910 年的一天，一位养鸡人送给劳斯一只有癌性肿瘤的鸡。他从这只鸡的癌性肿瘤中抽出传染物，又注到另外几只健康鸡体内，于是那几只健康鸡也传染上了癌症。劳斯医生认为，既然这种污染物能穿透很薄的薄膜，那么该传染物应是所有微生物中最小的病毒。劳斯的研究成果在科学界引起了巨大的争议。人类目前的医学水平还无法证明癌症的可传染性，因此人们也不必过于惊慌。

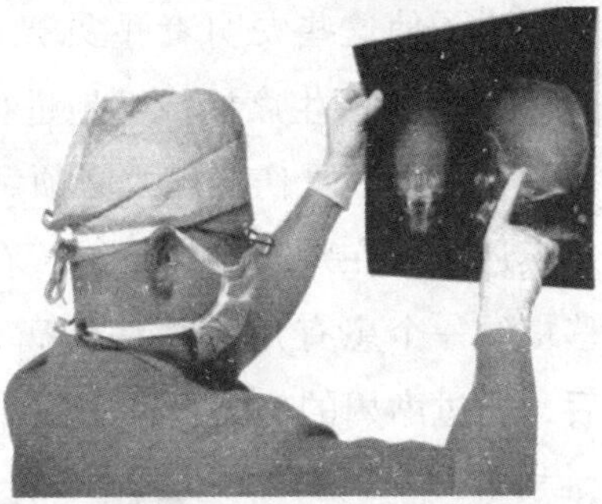

最早进行心脏移植手术的医生——巴纳德

克里斯琴·巴纳德医生是在现代医学发展史上最早进行心脏移植手术的医生。1967 年，他在南非成功地进行了医学史上首例心脏移植手术。当时，一名年轻女子由于车祸在医院里被宣布脑死亡，但是她的心脏仍然处于良好的状态。巴纳德医生当即决定为自己的一名心脏病患者进行心脏移植手术。手术取得了成功，虽然这位病人在接受手术之后的第 19 天就因感染肺炎去世了，然而，这毕竟是人类医学史上第一例心脏移植手术。巴纳德医生敢于将心脏移植到人体内，并最终取得成功的勇气、胆识和高超的技术，受到医学界的赞誉。

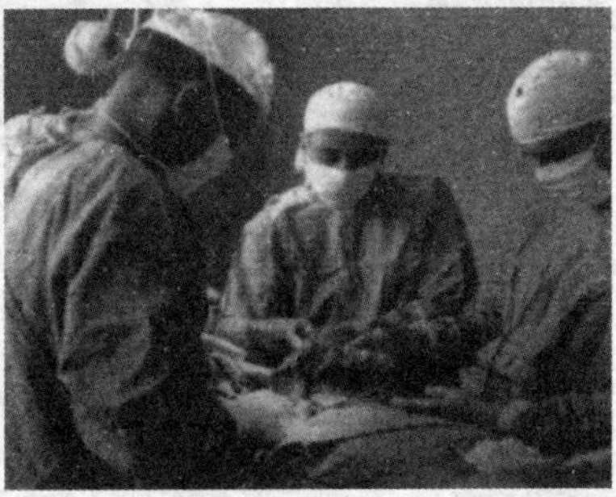

最早做角膜移植手术的人——席姆

眼睛在人的生命活动中具有重要作用，眼睛出现疾病，人就如进入黑暗一般。眼角膜是眼球表面的一层透明膜，我们通过它来观察外面的世界。但眼角膜非常容易受到损伤。据统计，世界上因为角膜病变而失明的人多达五百多万。

为了使这些失明者重见光明，就必须给他们进行角膜移植手术。1906年眼科医生席姆成功地进行了世界上第一例角膜移植手术。当时，有一个因为眼受伤的病人必须做摘除眼球的手术，席姆觉得这些完整的角膜还可以在别人的身上继续存活。于是，席姆就把他的角膜摘下来，移植给一个患有角膜溃疡的病人，这个手术最终获得了成功。在那之后，通过席姆的努力，许多眼病患者摆脱了黑暗，走向了光明。

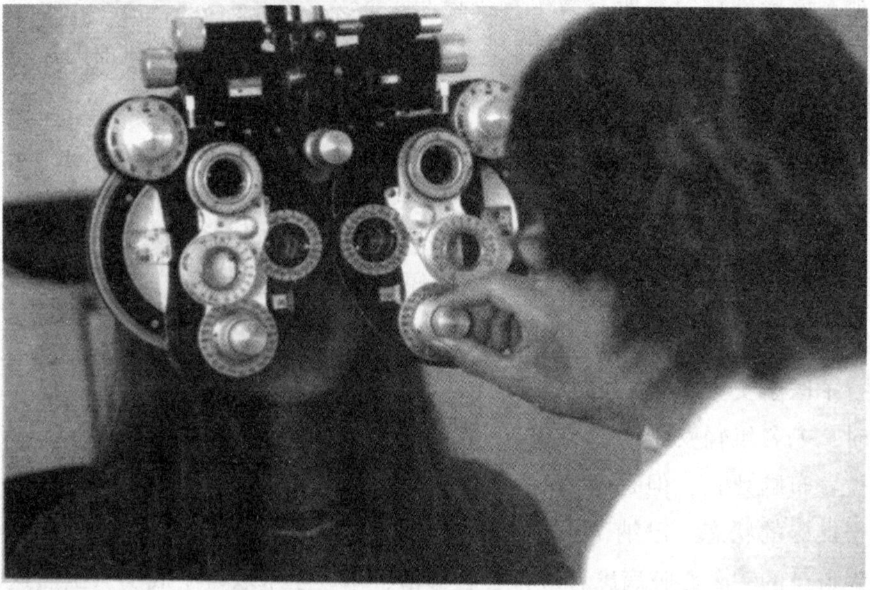

死亡率最高的疾病——狂犬病

在现代社会中，人们总是谈“癌”色变，癌症仿佛成了人类社会最大的杀手。但事实并非如此，如果按照死亡率来算，有比癌症更可怕的疾病，那便是狂犬病。

狂犬病又被称为“恐水症”，这是一种由疯狗、疯猫等带病兽类传播的急性传染病。人体一旦被患有这种疾病的病兽咬伤或抓伤，含有狂犬病毒的唾液就会感染到伤口，从而引起

中枢神经系统发生急性病变。狂犬病的潜伏期一般为 2 个月~3 个月。病人一旦发病。就会处于高度的兴奋状态，出现恐惧不安、怕水、怕风、流口水等症状。

得上这种病后几天之内就会因为呼吸衰竭、循环衰竭等原因而死亡。狂犬病一旦发病，死亡率高达 100%。经过科学家一百多年的努力，人们已能通过接种疫苗来有效地预防狂犬病，使狂犬病得到了控制甚至根绝。

最早的试管婴儿——露易丝

1978 年 7 月 25 日，世界上第一个体外受精的试管婴儿诞生了，她的名字叫露易丝，是伦敦的一对夫妇——莱斯利·布朗和她的丈夫约翰的孩子。布朗夫人由于输卵管有缺陷而不能怀孕，奥德海姆中心医院的爱德华和斯特普托大夫便通过手术将卵细胞从卵巢内取出，放在实验用的试管里并使之与精子结合，然后将胚胎植入布朗夫人的子宫内，从而使胚胎在子宫内得以正常发育。这个试管婴儿通过剖腹产降生，刚出生时大约重 2.6 千克，非常健康，露易丝也因此成为人类历史上第一个“试管婴儿”。

最早的克隆羊——多莉

世界上第一只克隆羊——“多莉”，诞生于 1996 年 7 月 5 日。它是第一只无性繁殖成功的动物。它的生命诞生过程是在没有精子的参与下完成的，可以说“多莉”是世界上第一只真正用克隆技术催生出的哺乳动物。

“克隆”一词是指人工诱导的无性繁殖，动物克隆试验的成功在细胞工程方面具有划时代的意义。“多莉”的诞生意味着人类可以利用动物的一个组织细胞，生产出很多与母体相同的生命体。这种繁殖方式打

破了两性繁殖的传统行为，是基因研究工程领域的一大突破。“多莉”的问世给全世界带来了巨大的震撼。

最早创办护士学校的人——南丁格尔

在一百多年以前，医院里是没有专职护士的，当医生需要帮助的时候，就雇佣一些穷苦的老妇人来充当陪伴病人的角色。这些老妇人并没有受过专职的训练，很多人连字都不认识，致使许多病人因为没有得到很好的护理而死去。后来，一位伟大的女性改变了这种局面，她就是南丁格尔。

南丁格尔在33岁的时候，担任了一家疗养院的负责人。她对疗养院混乱的管理制度非常痛心，于是下决心要改变这种混乱的状况。她首先找来一批有文化的年轻姑娘，然后把自己的护理知识传授给她们，就这样，她培养了世界上第一批护士。1860年，南丁格尔在英国圣托马斯医院创建了世界上第一所正规的护士学校——南丁格尔护士学校。护士学校的建立促进了医疗护理事业的发展，后人把南丁格尔誉为“现代护理教育的奠基人”。

最早的记数方法——结绳计数

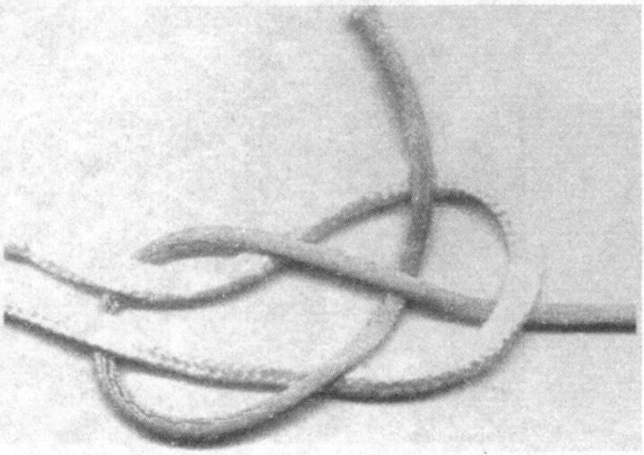

“结绳计数”是远古人最常用的计数方法，数字尚未发明时，人们在计数的时候，只有借助外物的帮助才能完成。所谓“结绳计数”就是用打绳结的办法来记录物体的数量。除了物体的数量，人们还用打绳结来记录日期。另外，远古时代的人们还发明了很多其他的计数方法，例如用利器在骨头上刻下痕迹来计数。但“结绳计数”的方法最为方便可行，成了远古人们广泛使用的计数方法。

最早的计算器——算盘

算盘可以说是我国古代劳动人民的伟大发明之一，它是世界上最早的计算器。在我国，算盘的发展有着悠久的历史，它从最初诞生到广泛应用，经历了上千年的演变。直到唐代，我们才看到现在所使用的算盘。明朝后期，我国的算盘逐渐传到了日本、朝鲜等地，为世界人民的学习和生活带来了便利。

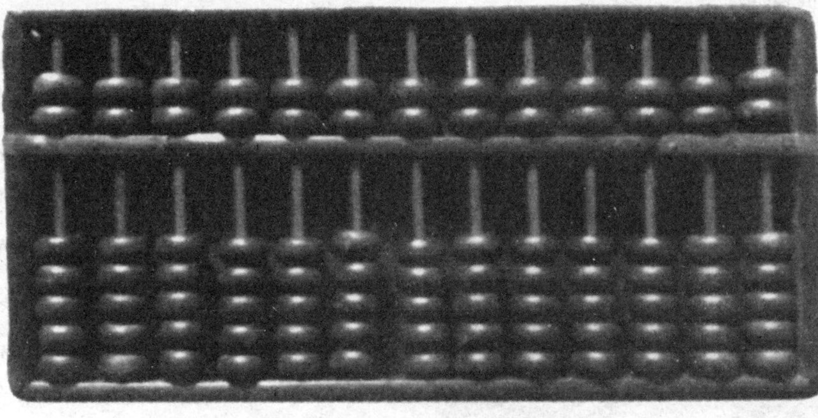

最古老的数学文献——纸草书

在生产和生活中，人们常常要和数学打交道。人类发明数学的历史可以追溯到几万年以前。现在，在各种考古发现中，有关数学的记载至少有5千年的历史。现存最古老的专门用来记录数学的文献，是出现在公元前1650年的埃及草片文书。因为这部著作是写在一种叫作纸莎草的植物上的，因此人们称这部著作为“纸草书”。

现在被人们发现并收藏的草片有“莱因德草片”和“莫斯科草片”，其中“莱因德草片”中包含了85道数学题的问题和解答过程；“莫斯科草片”中有25道题，也非常系统而全面地记录了关于数学的一些问题。

最大的数学专著——《数学原本》

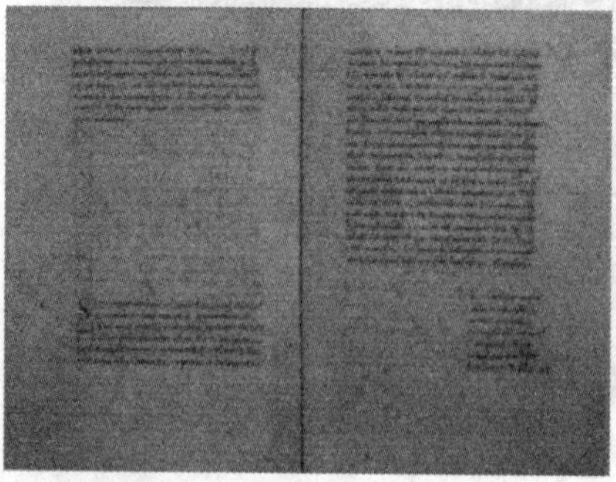

人们在日常生活中常常要用到一些数学知识，在众多的数学专著中，哪一本是最宏大、最丰富的呢？从1939年，《数学原本》的第一卷出版，到1973年，数学巨著已经出版了35卷，但至今尚未全部完成。因此这本《数学原本》堪称世界上最大的数学专著。

《数学原本》的作者是巴黎大学的几个学生。他们立志要整理全部的数学史，并用新的观点重新进行注解。在进行这个宏大、复杂工程的漫长过程中，他们逐渐形成了“布尔巴基”学派，成为国际上举足轻重的数学流派。

最先创立微积分的人——牛顿和莱布尼茨

在1687年以前，牛顿没有正式发表过有关微积分的论文。不过，在1655年~1678年间，牛顿曾把自己研究的结果告诉给朋友，并于1669年，把题为《运用无穷多项方程的分析学》的小册子分送给曾经在学术上给过自己启发的朋友，这本书在1771年正式出版。

莱布尼茨于1672年访问巴黎，第二年访问伦敦，并且和一些指导牛顿工作的数学家通信。直到1684年，莱布尼茨才正式发表了微积分的著作。于是，英国数学家指责莱布尼茨为剽窃者。

后来经过调查核实，原来牛顿和莱布尼茨都曾受前人观点的启发，各自先后在研究不同问题的同时建立了微积分，只不过两个人的文章发表的时间不同。因此说最早创立微积分的人是牛顿和莱布尼茨。微积分的创立是继欧几里得开创几何以后，数学史上又一个重要的里程碑。

最早的女数学家——海帕西娅

海帕西娅在亚历山大里亚出生，她的

父亲是个数学家。海帕西娅对自然、哲学都很有兴趣，在数学上有很高的造诣。她对柏拉图、亚里士多德和其他许多古希腊哲学家的不少著作作了注释，写了许多有关数学和天文学的论文，对古希腊大数学家阿波罗尼斯的圆锥曲线理论作了详细的阐述。此外她还发明了星盘。令人惋惜的是，这位女数学家和天文学家的著作大部分已经失传。

最早发明阿拉伯数字的国家——印度

阿拉伯数字可以说是我们日常生活中进行各种运算的基础工具。完整的阿拉伯数字包括从1~0共10个数字，阿拉伯数字并不是出现在阿拉伯，而是由古代印度人最早发明的。在公元前一千多年前的典籍《吠陀》中，印度人就有了数字的记录。到了公元8世纪，由印度天文学家毛卡将其传播到阿拉伯地区，此时的阿拉伯人将这种数学符号称为“印度数字”。后来，在阿拉伯人的不断改进下，这种数字又传入欧洲，并很快在世界范围内使用，被人们称为“阿拉伯数字”。

阿拉伯数字在诞生之初，只有1~9这9个数字，人们用小黑点来表示0。后来经过几百年的演化，最初的一个小黑点就变成了今天0的样子，阿拉伯数字体系才最终得以形成。

最大的数字

在1852年时，英语单词中的centillion表示的是最大的数字。它是指100万的100次乘方，也就是1后面跟600个零。但这个数字是十进位系统之内的数字。十进位系统外的最高的数字名词是佛教的asankhyeya，它表示10^{140}。后来，美国的爱德华·卡斯纳博士创造了一个术语Googol，表示10^{100}。10的Googol次幂表示为术语Googolplex。在某些宇宙模型的观测中，其宇宙中电子数大约不超过1 087。1977年公布的一个边界值是在数学证明中曾用过的最大的数。这个边界值同重铬酸的超立方体有关，名为“格拉海姆数”。如果没有格诺斯于1976年提出的特殊可扩展为64层的“箭头”标志，则很难表达出这个数的概念。

最长的和最短的时间计量单位

kalpa是印度年代学中最长的时间计量单位，它相当于43.2亿年。在天文学中，一个宇宙年等于太阳环绕银河星系中心的周期，即225亿年。

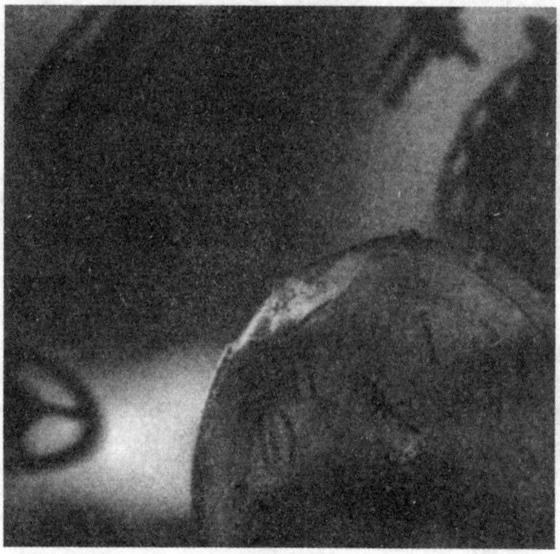

大约8 500万年以前，也就是白垩纪后期，地球自转速度较快，每年有370.3天。而在寒武纪时期，大约6亿年以前，一年有425天。

由于每天的长度不一，所以每世纪大约要增加1毫秒。又因为月亮具有潮汐阻力，所以“秒”只得重新作解释。它不再是原来一个太阳日的1/86 400，1960年以来，秒便一直被视为1900年这个阳历年的1/3 155 692 599 747（星历表时间）。（1958年星历表时间中的秒经过计算为：当外部场在没有受到干扰的情况下，铯原子133跃迁时所对应的辐射的9 192 631 770±20个周期。据1972年8月的记录，周日变化最大为10毫秒。这一变化是370年观察记录中最强的太阳磁暴造成的。铯原子束的频率标准精确度约为8/1 014，甲烷稳化的氦氖激光为2/1 013，氢微波激射为6/1 013。）

最早测算地球周长的人——埃拉托斯梯涅斯

人类对于宇宙的探索从诞生的那一刻起就不曾停止过。作为人类栖息地的地球是一切科学探索的起点。古希腊哲学家埃拉托斯梯涅斯最先测算出了地球的周长。在古代，人们普遍认为地球是方的，埃拉托斯梯

涅斯却提出了与之不同的观点。他发现在每年夏至这一天，位于北回归线上的古城诺涅正好位于太阳的正下方，所有的物体都没有影子。但就在同一时刻，距离诺涅约 800 千米的亚历山大里亚城中，物体在太阳光的照射下都有影子。由此，埃拉托斯梯涅斯得出了一个结论——地球并不是方形，而是有一定弯度的。经过一番推算，他最终得出了地球周长为 46 240 千米的结论。这一结论和我们现在所测量出来的 40 076. 593 8 千米有一定的差距，但从当时的条件来说，得出这个数据已经非常难得了。

最早的电视——贝尔德电视

苏格兰发明家约翰·贝尔德在 1926 年 1 月 27 日向伦敦皇家学院的院士们展示了他称之为“电视”的机器，这种新型的机器能够通过无线电传递活动图像。它不同于传统的电影放映机，是通过电子方法将图像显示在阴极射线管上的。一些观察家看完表演后认为，图像的质量不如电影，但他们也都承认这一发明仅是一个起始阶段。贝尔德从小就对物理表现出极大的兴趣。大学毕业后，他开始了对远距离图像传送这一课题的研究。最终贝尔德成功地把图像传送到大西洋彼岸的美国，实现了图像的远距离传送，拉开了卫星电视的序幕，他自己也被称为“电视之父”。

最早的家用电冰箱

在电冰箱还没有问世之前，人们往往利用冰块对食物进行保鲜。在古代的中国，人们就已经懂得把冬天的冰块储存起来到夏天使用。世界上第一台家用电冰箱的诞生使人们摆脱了无法对食物进行保鲜的苦恼。1923 年，瑞典工程师浦拉腾和孟德斯利用压缩机的工作原理，发明了第一台电冰箱。他们通过蒸发一种压缩的液体来达到制冷效果，从而对食物进行保鲜。但是，与以往的机械式制冷设备不同，这台电冰箱第一次使用了电动机来带动压缩机进行运转。两年之后，这种发明开始大规模地投入生产，从此以后，家用电冰箱开始走入千家万户。

最早的洗衣机

洗衣机是我们日常生活不可或缺的家用电器，它为我们的生活提供了极大的便利。汉密尔顿·史密斯于1858年在美国的匹茨堡成功研制出了世界上第一台洗衣机。

这台洗衣机的主要部件是一个用来盛放脏衣服的圆桶，桶内装有一根带有桨状叶子的轴，用来搅动衣服。洗衣时，人们摇动和轴相连的曲柄，就可以使轴转动来洗衣服。这台洗衣机使用起来比较费力，而且容易损伤衣服。后来，人们不断地对洗衣机进行改进。改进后的洗衣机渐渐受到人们的欢迎，并步入了人们的生活，成为人们生活的好帮手。

最早的电话机

今天，电话已在全世界普遍应用，给人们的生活交流带来了极大方便。我们更不应该忘记它的发明者——贝尔。1875年，贝尔这位苏格兰青年发明了世界上第一部电话机，这部电话机利用金属片振动产生感应电流的原理，把电信号传到导线的另一头，经过类似的转换变成声信号，实现了远距离通话。虽然当时他只能让处于两个不同屋子里的人通过这部电话机进行沟通，而且效果也并不是太好，但这个发明为日后人类通讯事业的发展打下了基础，从此使人们的生活发生了改变。以“贝尔”命名的实验室在今天仍然在为人类通信事业的发展而不懈地努力着。

最早的软盘

软盘在电脑中具有至关重要的作用，它具有良好的存储功能，可以对小数量数据进行存储和备份。在日常生活中，软盘能够帮助使用者交流、移动电脑中的资料等，其作用不能小视。

1971 年，IBM 公司的工程师在阿兰·舒格特的带领下，成功研制出了世界上第一张软盘。由于这种盘具有良好的柔韧性，所以被命名为软盘。在此之后，人们不断地对软盘进行改进。于 1976 年创造出了一种 5 英寸软盘和相应的驱动器。这种体积小巧、性能卓越的软盘的出现使 IBM 公司的产品开发得以加快进行，配有相应驱动器的电脑一经面世就轰动了全球。

最早的滑翔机

千百年来，人们总梦想着能像天空中的鸟儿一样自由地飞翔。19 世纪，德国滑翔机专家奥托·利连撒尔经过多年的试验和研究，终于想出了一种能让人类实现飞行梦想的办法。受鸟类飞行原理的启发，利连撒尔也给自己安上了两只大翅膀，并于 1891 年首次滑翔成功。在此后的 5 年中，他又不断地改进滑翔机，在空中进行了两千多次飞行。虽然今天世界上已经有各种各样的飞机，但很多滑翔机爱好者仍然把借助滑翔机的飞行看作真正的“飞翔”。因为在驾驶滑翔机时，人的身体本身就是滑翔机的组成部分，用滑翔机在空中展翅才会有“飞翔”的感觉。

人文社会

人类从刀耕火种的原始社会一路走来，日月韶华，光阴积淀，留下了传承千古的文明，让我们平静心情，触摸文明的印记。

最早的金属货币——铲币

中华民族有着5000年悠久历史，其中中华货币文化举世闻名。中国货币的内容绚丽多姿，具有丰富的科学研究、历史文物、文化书法和艺术等价值。在几千年的货币发展史中，先后出现了贝币、刀币、布币、半两、五铢、通宝、铜元和银元等货币。其中周朝的铲币是世界上最早的金属硬币。这种金属硬币出现的时间大约是公元前11世纪。铲币是由古代农具演变而成，因其形状像现在的铲，所以叫铲币。战国时期的三晋地区普遍流行铲币，在韩、赵、魏等国也非常通用。铲币样式古朴，为钱币收藏者所喜爱。现代不少金融机构还把铲币用在徽记上，象征着财富。我国人民币五元券水印暗记便是这种铲币的图案。

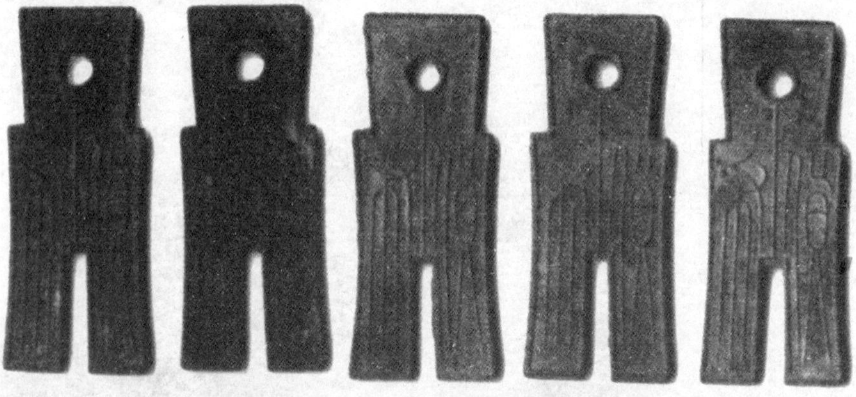

最早的纸币——交子

世界上最早出现的纸币是中国北宋时期的交子。纸币是社会政治经济发展到一定阶段的必然产物。北宋时期商品经济有了很大发展，于是纸币在频繁的商品流通中孕育而生。当时四川地区的铁钱太重，有时买

一匹布所需的钱重达250千克，需要用车载，使用很不方便。因此急需一种便于携带的、轻便的货币。于是四川出现了最早的纸币——交子。最初的交子由商人自由发行。后来政府设立了专门的机构，派官员管理纸币的印制。中国的纸币比美国（1692年）、法国（1716年）等西方国家发行纸币要早六七百年，因此中国成为世界上最早发行纸币的国家。交子的出现，使商业往来更加便利，弥补了现钱的不足，是中国货币史上的一大进步。交子作为我国乃至世界上发行最早的纸币，在印刷史、版画史上也占有重要的地位。

最大的纸币——一贯钞

中国是世界上最早使用纸币的国家。中国明朝洪武八年（1375年）发行了6种面额的纸币，分别为一百文、二百文、三百文、四百文、五百文和一贯。其中一贯钞是这6种大明宝钞中纸面最大者，其钞料为桑

皮纸，高 35 厘米、宽 29 厘米。钞面右为“大明宝钞”，左为“天下通行”，上面横题“大明通行宝钞”，中间有钱贯的图样，四周印有龙纹花栏，上面写有“一贯”字样。下面则印“户部奏准印造大明宝钞与铜钱通行，伪造者斩，告捕者赏银贰百伍拾两，仍给犯人财产”字样，这张大明宝钞是迄今为止世界上最大的纸币。

政府发行的最大金币

世界上政府发行的最大的金币是 1613 年由印度斯坦的莫卧儿皇帝沙贾汗铸造的金币，票面为 1 000 “Mohur”（莫赫尔）。其形状如同一个碟子，直径为 20 厘米，重量超过10 886. 2克，相当于 355 枚 20 美元金币的重量，票面价值 7 100 美元，而实际金价约 26. 5 万美元。

金币的两面有精彩动人的波斯传说故事。在 1987 年 11 月，这枚金币在瑞士日内瓦一家拍卖行内被公开拍卖时，底价达 800 万美元。但因无人肯出高于 850 万美元的“保留价”而中途撤出，返还原主。

最昂贵的金币——金鹰

1907年美国铸造了一批面值20美元的“金鹰”金币，金币铸好后，有人认为铸币图案中金鹰的翅膀过于低垂，其神态有损于美国正处于腾飞兴旺发达的经济形象，于是有关决策机构决定将已铸出来的这批金币全部回炉。然而有一枚金币在即将回炉的过程中，被人偷偷地保存了下来。于是这枚铸币就辗转流落到了民间收藏家手中。1940年，这枚面值20美元的金鹰铸币被埃及国王法鲁克用近1万美元的价格购买。但不久这枚铸币突然没了音讯。20年后，这枚金鹰铸币再次出现，它被美国一家公司以20万美元的价格从一名外交官手中购得。近年来，这枚金鹰铸币几经收藏家转手，价格一路飙升，成了世界上最昂贵的金币。

最早的邮票——黑便士邮票

关于世界上第一枚邮票的问世，曾流传着这样一个故事。一天，罗兰·希尔在乡间散步时，看到一个邮递员把一封信交给一个姑娘，那姑娘接过信看了一下就把信塞回给邮递员，执意不肯收下。希尔就问她不收这封信的原因。姑娘悲伤地告诉他，这封信来自远方的未婚夫，因为邮资昂贵，他们约好，只在信封上做个记号表示“平安”，就可以不花钱收到消息。这一次经历，使希尔下决心对邮政制度进行改革。于是他向英国政府建议：

今后凡是寄信，必须由寄信人购买邮票，贴在信封上，作为邮资已付的凭证。1840 年 5 月 1 日，在罗兰·希尔的提议和促进下，世界上第一枚邮票正式发行，并于 5 天后开始使用。邮票的图案为英国维多利亚女王侧面浮雕像，黑色，面值一便士，人们称之为“黑便士邮票”。罗兰·希尔对邮政事业的改革和发展作出了很大的贡献，所以被人们誉为“近代邮政之父”。

最大的珍珠——老子之珠

自古以来人们就把珍珠视为珍品，它作为装饰品极为贵重，作为中药材又非常名贵，它还是高档化妆品的重要原料。

珍珠越大越少见，同时也更为珍贵，最常见的是直径不到 1 厘米的珍珠，有的小珍珠只有粟米大小。圆润光洁的珍珠一般很少见。苏联有一颗珍珠，重 5.6 克，圆润光洁堪称珍珠中的精品，它保存于博物馆中。英国的伦敦博物馆收藏的一颗大珍珠和它比较起来，要漂亮夺目得多。这颗大珍珠镶嵌在英国博物馆收藏的一顶金冠上面，重达 85 克。世界上最大的珍珠是 1934 年 5 月 7 日，在菲律宾巴拉湾的巨贝中发现的一颗巨大的珍珠，它的重量已达 6 350 克，半径 13.97 厘米，被称为“老子之珠”，是一件旷世奇宝。现在，它的价值为 408 万美元，现存在旧金山银行保险库中。

最大的宝石——印度之星

世界上最大的宝石是一颗名为“印度之星”的蓝宝石，它的重量是563.35克拉，比一个高尔夫球还大，300年前在锡兰岛被开采出来。19世纪末期，该宝石被美国金融家J·P.摩根在巴黎的第十届博览会上以20万美元的巨资，从私人收藏家手中收购。摩根在1901年为美国纽约刚创立的自然博物馆捐赠了所有的宝石。在陈列室内，有一颗是采自于锡兰岛的“深夜之星”蓝宝石，重达116.75克拉，发出浓紫色的光，非比寻常。另一颗是采自于缅甸的红宝石，重达100.32克拉。但它们都无法和“印度之星”相比。

最值钱的陨石——火星陨石

1998年5月，美国纽约的菲利普斯拍卖行拍卖了一块火星陨石，这块陨石是1958年在巴西发现的，售价为7 333美元，这个价钱是与它

同样重量的金子的 1 000 倍。这块陨石体积是 2 毫米×2 毫米×4 毫米，重 0.28 克，预期价格为 1 600 美元~3 200 美元。

美国纽约的索斯比拍卖行还曾于 1993 年以 442 500 美元的价格拍卖过一个 0.33 克的月球陨石。目前，地球上已知的火星陨石有 41 千克，月球陨石有 363 千克。

最大的金刚石——库利南钻石

库利南钻石是 1905 年威尔斯上尉在南非（阿扎尼亚）的瓦普列米尔矿山发现的。这颗金刚石重 3 024.75 克拉，约合 605 克（5 克拉等于 1 克），体积为 100 毫米×65 毫米×50 毫米，是迄今为止所发现的世界上最大的一颗金刚石。一开始，这颗钻石的所有者是南非殖民当局，1907 年钻石被献给了英皇爱德华一世，并且在英国制成复制品，英皇随后就派人将它送至荷兰首都阿姆斯特丹进行加工，切割者为阿歇尔，琢磨者是柯伊。二人精心琢磨，历时长达 9 个月。这颗硕大无比的金刚石被切割成 9 颗大的和 96 颗小的金刚钻。其中最大的一颗被镶在英王的王冠上，重 530.20 克拉，琢磨成 74 面，命名为“非洲之星”。

1984年11月3日，法兰克福的一家博物馆首次展出一颗巨大的钻石。这颗金钢石重达890克拉，产自非洲，还没有经过加工，在雕琢之后，它将成为世界上最大的加工钻石。

最大的储金国——南非

地壳岩圈中金子的分布平均约为十亿分之五，即每吨的含金量5毫克。南非由于其独特的地理条件，成为了世界上最大的储金国，它的储金量占全世界的60%~65%。南非主要的金矿产地在奥兰治河的支流瓦尔河流域，它呈半圆形，延伸500千米，素有“金弧”之称。

最大的港口——鹿特丹

位于莱茵河与马斯河交界处的鹿特丹是荷兰的第二大城市，邻近英国、比利时、德国等西欧发达的工业区，地理位置十分优越，人们把鹿特丹称为“欧洲门户”。1965年7月，鹿特丹的货物进出口量达到1.31亿吨，成为世界最大港口。随着西欧各国经济的发

展及欧洲共同市场乃至世界市场的建立，鹿特丹自 20 世纪 80 年代以来，对欧洲的影响越来越大，每年在鹿特丹停泊的来自世界各地的远洋海轮大约有 3 万艘，内河船舶也达到了 20 万艘左右，货物吞吐量达到 2.52 亿吨，这使鹿特丹在世界海洋运输史上的地位更加稳固，也使它成为世界上最大的港口。

最大的工业原料进口国——日本

位于亚洲东北部的日本，与中国、朝鲜隔海相望，面积为 37.8 万平方千米，人口只有 1.3 亿左右。第二次世界大战之后，日本的经济发展十分迅速，凭借其经济实力一跃成为仅次于美国的世界第二大经济强国。但是日本经济的发展，受到资源环境的严重限制，日本国内市场十分狭小，资源贫乏，农业不能自足。尤其是工业，一直都依赖于进口原料。由于多年来日本发展迅速的工业部门，原材料消耗都十分巨大，因此，资源的依赖程度成为影响日本经济发展的重要因素之一。据资料显示，日本进口资源总量占世界首位，是世界上最大的工业原料进口国。

最大的油库——波斯湾

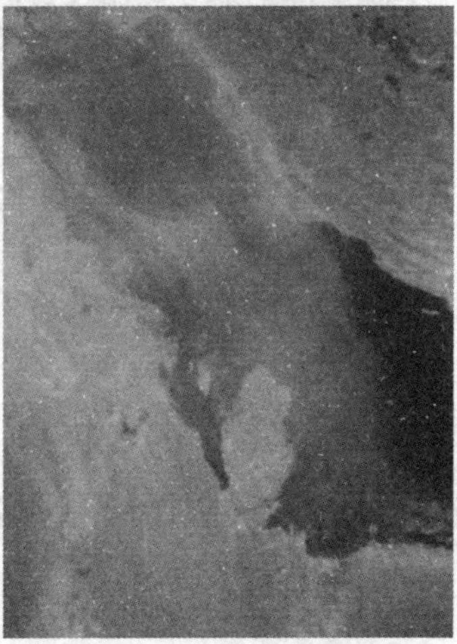

波斯湾地区是世界上产油最多的地方，在那里布满了大大小小的油田，无论是沙漠边缘还是波斯湾海边，石油的产量都很高。因此人们称中东为“浸泡在油海中的世界油库”。中东波斯湾地区纵横交错的输油管道、闪着银光的油罐、鳞次栉比的钻井架，还有这里穿梭不息的超大油轮，构成了波斯湾富有而繁忙的景象。

中东波斯湾的储油量是十分惊人的，1982 年探明的数据显示，它的储油量达到 497 亿吨，相当于世界总量的 54%，仅沙特阿拉伯一国的储油量就占据了世界总储油量的 1/4。所以称中东波斯湾为“世界油库”是名副其实的。

最大的金库——联邦储备银行

美国纽约华尔街上的联邦储备银行是世界上最大的金库。它的服务对象是世界各国的银行，因而被人们称为“银行中的银行”。在它的地下室里储藏着堆积如山的黄金，这些黄金加在一起，共有 13×106 千克重，因此有“世界上最大的金库”的美称。金库大概有半个足球场那么大，分成 122 个密室，各个国家的黄金集中放在一个密室中。当在这个库中存有黄金的国家之间达成黄金交易的时候，只要通知金库，金库就会马上派人如数地将黄金从卖主的密室转入买主

的密室中，这样也就完成了所有权的变化。金库只有一个入口，且入口处有一道精心设计的“机关门”。这个门是由 9×104 千克重的钢铁圆柱体和 14×104 千克重的钢铁框架组成。这道钢门由多道机关控制，陌生人或不熟悉的人是很难打开的。这家银行还有一支庞大的警卫部队，并且拥有先进的电子监视系统，安全性非常高，保证了金库正常工作。

最早的中央银行——阿尔托银行

阿尔托银行是世界上最早的中央银行。它是 1584 年 6 月由威尼斯参议院授权建立的，并在 1587 年 4 月开业。在近代早期，意大利地区的商业贸易就十分发达。商品批发贸易频率不断，迫切需要建立大的正规银行。1575 年后，由于许多私人银行经常破产或者陷入严重困境，政府开始扶植公立银行，以保证和监督经营存贷款业务的银行，阿尔托

银行便应运而生。它的主要职能是：接受和支付存款，为存款户进行转账，为顾客开汇票。阿尔托银行的建立方便了商人进行贸易，保证了贸易的快捷、顺利、方便。后来，意大利的许多城市经政府批准都建立起了类似阿尔托这样的中央银行。

最早的股票交易所——阿姆斯特丹股票交易所

最早的股票交易所阿姆斯特丹股票交易所与荷兰东印度公司有直接的关系。荷兰东印度公司于 1602 年成立，凭借着强大的武装在海上进行贸易。为了扩大贸易，荷兰东印度公司将股票卖给阿姆斯特丹的市民。由于这些股票的股息丰厚，所以人们竞相购买。在这种形势下，阿姆斯特丹股票交易所便于 1611 年正式成立了，这是世界上最早的股票交易所。它成立之初的主要业务是买卖荷兰东印度公司的股票。交易所是在 19 世纪 90 年代由亨·彼·伯拉治设计的一座全红砖建筑物，这个建筑以其明快的线条和朴素外表著称于世。

最大的炼金厂——兰德炼金厂

世界上最大的炼金厂——兰德炼金厂，坐落于约翰内斯堡市郊哲米镇上的一个大院中，由南非 7 家最大采矿机构的联合组织——矿业联合

会来经营。这个厂负责冶炼在南非开采的所有黄金。它的年加工能力为750吨，占世界黄金产量的一半以上。整个工厂戒备森严，四周布满铁丝网，厂内四处都安装着金属探测器和十分隐蔽的摄像机，确保全厂雇员无机可乘，甚至是可能沾在鞋上的一点含金尘埃也别想带出厂门，因为工厂门口安放着充电的擦鞋垫。兰德炼金厂冶炼出的黄金，其纯度都在99.5%以上，如果冶炼的是工业用的黄金，则还要经过一道精炼程序，纯度必须达到99.9%。

钨产量最大的国家——中国

世界上钨产量最大的国家是中国。中国在10世纪的时候，就发现了钨矿。在中国的中部、南部、华北、西北和西南等地区都分布有钨矿。其中，西起广西，包括湖南、广东、江西三省，到东部的福建南岭地带是钨矿分布最密集的地方。以产钨量大而闻名于世的中国江西，被人们誉为“钨都”，而江西的南部也因钨产量大而被人们称之为“钨乡”，在那里分布了大大小小数百座钨矿山，坐落在那里的西华山、大吉山和盘古山都是著名的钨矿山。以江西地区为主的钨矿产量的加速上升，使中国成为世界上产钨量最大的国家。

产锑最多的国家——中国

中国是世界上锑矿储藏量最大的国家，也是世界上产锑最多的国家。在中国的广东、湖南、广西、贵州、云南、四川等省分布着大量的锑矿，其中锑矿储量最大的地方是湖南省新化县锡矿山，因此人们把新化县称为“世界锑都”。

湖南新化县的矿石主要是有锡一般的金属光泽的辉锑矿，这种矿石的化学成分是三硫化二锑，含锑量超过20%。在工业上，人们用碳作还原剂来与辉锑矿产生还原反应，得到金属锑。

锑是一种银灰色的金属，它的熔点较低，此外锑这种金属非常脆，有热缩冷胀的性质，大多用来与铅一起制成合金使用。它还可与其他金属制成不列颠合金，制造轴承。此外，锑的化合物用途很广泛，三硫化锑或五硫化锑可以用做火柴盒的摩擦剂。在橡胶工业中，五硫化二锑可用做着色剂。在医药上，可以用锑来制造许多药物，如可以用有锑的有机化合物来制造一些特效药，这些药可以治肺病、血吸虫病、黑热病等。锑的一些硫化物和氧化物，还可以当作颜料使用。此外，硫化锑也是半导体的重要材料。

产石棉最多的国家——加拿大

加拿大是世界上产石棉最多的国家。加拿大有着丰富的矿藏资源，它的矿产量居世界前列。其中石棉、白银、锌、镍的产量居世界第一位；铜、钾碱、石膏、硫黄的产量居世界第二位；铬、钴、铂、钼、钍、铋、钾盐等矿物储藏量也都很高。但这些矿物多数分布在北极圈内，所以不易开采。只有石油、天然气、石棉、黄金、白银、铜、铁、镍、锌、铀、铂等六十余种矿物可开发生产。加拿大已探明的原油储量为80亿桶。1996年产煤量约7 580万吨。到目前为止，加拿大已建成了19个核电站，另有3个正在建设中。

最大的稻米产区——湄公河三角洲

发源于青藏高原的湄公河，因河道上有9个弯，所以又被称为九龙河。湄公河在越南的生产和生活中具有十分重要的地位，整个越南南部都受到湄公河的文明影响哺育。湄公河三角洲，是越南南方最大的平原，也是鱼米之乡。湄公河三角洲还是越南最富庶的地方，它由前江平原、后江平原和同塔梅平原三部分组成，同时这里也是世界上最大的稻米产区。湄公河三角洲风光秀丽，土地平坦宽广。广阔的稻田、青翠的果园、纵横交错的沟渠河道处处可见，欣欣向荣的乡村景致、田园风光令人心旷神怡。

养羊最多的国家——澳大利亚

世界上养羊最多的国家非澳大利亚莫属。据统计，1978年澳大利亚共养羊1.3亿只，人均占有量为9只，羊毛产量67.74万吨，约占世

界羊毛产量的1/3，居世界第一。

澳大利亚以养美利奴羊为主，它占羊总数的3/4。这种羊产毛多，毛细质软，每只美利奴羊可剪羊毛5千克。近年来，安卡拉羊在澳大利亚发展十分迅速。它的毛细长柔软，适于和化学纤维混纺，是一种优质毛料。

可可产量最多的国家——科特迪瓦

可可是巧克力和饮料的主要原料。可可树生长在热带，它的花很小，但是结出来的果实却非常大，在它又厚又硬的外壳里藏着30粒~50粒种子。

科特迪瓦是世界上可可产量最多的国家，它的可可产量占世界的1/4，每年可以生产可可120万吨。科特迪瓦的农业以生产经济作物为主，除了产量居世界第一位的可可外，还生产咖啡、棉花、橡胶、玉米、木薯等，其中可可和咖啡的出口收入占农业经济收入的50%以上。

最早种植咖啡的国家——埃塞俄比亚

咖啡与可可、茶叶被誉为世界三大饮料，咖啡种植因投资少、收益早、产值高等特点受到人们的广泛欢迎。

巴西是世界上最大的咖啡生产国，所以一提起咖啡的产地，人们首先想到的便是南美洲的巴西。但正确答案并不是巴西，而是非洲的埃塞俄比亚。早在四千多年前，当世界上大多数人还不知道咖啡是什么东西的时候，咖啡就已经被在埃塞俄比亚经商的阿拉伯人带到了阿拉伯半岛，并广泛种植于现在的也门，后来人们在这里培育出了优良的“阿拉伯咖啡”。

最大的购物中心——埃德蒙顿

世界上最大的购物中心修建在加拿大北部的埃德蒙顿。购物中心占地面积约有46万平方米，有58个出口，内设836个商店，其中有200个是妇女用品商店。购物中心里，消遣、娱乐、饮食、休闲设施一应俱全，停车场可容纳三万辆汽车。平均每星期吸引40万游人来

此购物休闲。购物中心里面有人工湖，游艇和海豚表演，游人还可以潜入水下五米，饱览海底世界胜景。水上游乐场有 20 个游泳池，22 个滑道游艺设施。这里还设有动物园、大型溜冰场、喷火泉、高尔夫球场、20 座电影院、两条饮食大街、风味餐厅、夜总会、银行、超级市场、美容院、健身房等。作为世界上最大的购物中心，这里尽管人很多，但并没有因拥挤而产生人为喧闹的状况。该中心真不愧是购物者的天堂。

最古老的法典——《汉谟拉比法典》

《汉谟拉比法典》是世界上最古老的法典，它是公元前 18 世纪古巴比伦国王汉谟拉比颁布的。法典是在伊朗西南部的一个椭圆形的石柱上被发现的，因此也被称为“石柱法”。该法典分为序言、正文和结论三个部分，内容比较广泛，涉及财产、债务、婚姻、继承、侵犯人身行为等方面，还规定自由人和奴隶的地位是不平等的，这反映了早期奴隶制的特点。《汉谟拉比法典》是古巴比伦社会情况的一个客观反映，是研究古巴比伦王国的重要史料。这部有三千八百多年历史的法典现存于巴黎罗浮宫博物馆。

最早的一部成文宪法——美国 1787 年宪法

美国 1787 年颁布的宪法是世界上最早的一部成文宪法。美国在独立战争后，建立了联邦国家。政权建立初期，美国的内政外交很不稳定，于是各联邦决定召开制宪会议，来加强统治。1787 年 5 月，各代表开始讨论宪法草案，1789 年正式宣布这一宪法为《美利坚合众国宪法》。宪法由序言和 7 条正文组成。这部宪法以“三权分立”作为政府组织的原则。规定国会具有联邦立法权，国会由参议院和众议院组成，国家的行政权属于总统，总统任期 4 年，由选举产生。联邦最高法院具有联邦最高的司法权。美国宪法所确定的三权分立的管理形式，对后来的许多资本主义国家制定宪法产生了重大影响。1787 年的美国宪法既巩固了美国的国家统治，也对美国政治、经济发展起到了积极的作用。

IN CONGRESS. JULY 4. 1776.

The unanimous Declaration States of America.

执政时间最长的人——卡斯特罗

1959年7月，菲德尔·卡斯特罗就任古巴总理，并于1976年12月任古巴国务委员会主席直至2011年卸任。他推翻了古巴独裁者费尔亨西奥·巴蒂斯塔后，开始走上古巴政坛。在他上任后的一年里，就将设在古巴境内的所有美国企业实行了国有化，这一举动惹恼了美国政府，美国中央情报局采取了一系列的行动来试图推翻他、谋杀他，但都未能如愿。这些行动包括对古巴的入侵以及试图炸死菲德尔·卡斯特罗等等。由于美国对古巴实行了持续的经济封锁，以及1991年后苏联取消对古巴的经济援助，致使古巴国内经济很不景气。然而令人佩服的是，古巴却依然是世界上公民识字率最高的国家之一。古巴总理卡斯特罗则成为世界上执政时间最长的人。

最早的女总理——班达拉奈克夫人

在1960年7月斯里兰卡的大选中，斯里兰卡自由党的候选人——西丽玛沃·班达拉奈克夫人取得了胜利，出任总理兼国防部长和外交部

长，成为世界上第一位女总理。

1916 年 4 月 7 日，班达拉奈克夫人出生于一个富贵之家，1940 年她成为斯里兰卡著名政治家所罗门·班达拉奈克的妻子。1951 年班达拉奈克创建了斯里兰卡自由党，并于 1956 年上台执政。1959 年，班达拉奈克被刺杀。为了继承丈夫的事业，班达拉奈克夫人于 1960 年 5 月担任自由党主席，并于 7 月率领该党在大选中获胜。

班达拉奈克夫人在政坛上驰骋了 40 年，曾三度出任总理职务，2000 年 10 月 10 日上午，她因心脏病突发辞世，享年 84 岁。

第一位英国女首相——撒切尔夫人

撒切尔夫人是英国第一位女首相。1979 年 5 月 3 日，在英国的大选中，玛格丽特·撒切尔和她领导的保守党取得了决定性的胜利，她也成为欧洲第一个女首相。撒切尔夫人曾就读于牛津大学，做过化学家、律师，1959 年进入议会。她把建立一个“停止干预，停止为你作出决定，根据你个人的意愿而作出选择”的政府作为自己在首相竞选中的誓言。她的政治主张有削减个人所得税，对工会活动加以限制等。

最古老的国旗——丹麦国旗

丹麦国旗是世界上最古老的国旗。国旗以红色为底，上面偏左有一个白色的不对称的“十”字。关于这面国旗的由来，还有一个小故事。1219 年 6 月 15 日，丹麦国王瓦尔德玛·维克托里斯率军同敌人作战，这场战斗进行得异常激烈。正在难解难分的时候，忽然一面带白色十字的红旗从天而降。丹麦军把这面旗帜看成是上帝的旨意，士气迅速高涨

起来，战士们个个英勇奋战，瓦尔德玛·维克托里斯率领的军队最终转败为胜。从此，白色十字旗便成为了丹麦的国旗。事实上，这并不是上帝的主意，也不是天降的国旗，这一切都是瓦尔德玛的安排。他这样做的目的就是要振奋军队的士气，取得战争的胜利。从那以后，每年的6月15日就成为丹麦的“国旗日”，也叫“瓦尔德玛日”。

最大的军事政治组织——北约

第二次世界大战结束后，为了扼制和打击社会主义国家，也为了维护自己在世界上的霸主地位，美国在欧洲建立了“北大西洋公约组织”（简称“北约”），这个组织如今仍是世界上最大的军事政治组织。

北约最初包括加拿大、英国、法国、荷兰、比利时、卢森堡、挪威、冰岛、葡萄牙、意大利和丹麦共11个国家。在冷战时期，以苏联为首的社会主义国家成立了华约

军事组织，以对抗北约组织的威胁。苏联解体后，华约也宣告解散，而北约却发展得更为壮大，现在已经拥有 20 多个成员国。

由于北约强大的军事政治实力，在国际事务中它常常为了维护盟国的利益而越过联合国的授权，直接进行军事行动，比较典型的事件就是南联盟科索沃战争。

最古老的语言和文字——汉语和甲骨文

中国汉语是世界上最古老的、具有最长连续历史的语言文字，它从产生到现在已有六千多年的历史，从仰韶文化开始一直沿用到今天。因此，中国汉语被称为“世界上最古老的语言”。世界上最古老的文字甲骨文是三千多年前中国殷商王室的占卜文字。甲骨文与古巴比伦文字、古埃及文字一起被世人称为“世界上最古老的文字”。甲骨文是一种正在形成中的汉文字，是早期人类文明发展阶段中带有普遍性的象形文字。

最早的长篇小说——《源氏物语》

日本紫式部的《源氏物语》是世界上最早的长篇小说。“物语”的意思就是故事或杂谈。这种体裁是在日本民间评话的基础上形成的，深受中国六朝、隋唐时期传奇文学的影响。本书作者紫式部从小随父亲学

习汉语，熟读中国古代文献，但因家道中落，丈夫早逝，一个人过着孤苦的生活。后来紫式部到皇宫做了彰子皇后手下的一名女官，这使得她有机会了解宫廷的内幕和生活，她把在宫中的所看、所想写在了《源氏物语》这本书里，该书共54卷，近百万字，故事一共经历四朝天皇，跨时八十多年，包括四百四十多个人物。书中以上层贵族为主要人物，也有下层贵族，直至宫妃侍女、平民百姓。书中主要讲的是皇子光源氏和他周围女性的悲欢离合，反映了当时日本宫廷贵族的生活、思想及内部倾轧、争夺权势的斗争，由此反映出当时日本的社会现实。

最畅销的书——《圣经》

《圣经》是全球发行量最大的书，这本书一年的销售量就超过6 000万册。《圣经》虽然不是文学书，但它文笔的独特和优美却是举世公认的，许多伟大的文学作品的题材也都来源于《圣经》；它不是哲学书，但却是哲学家引用最多、讨论最多的一本书；它不是历史书，但《圣经》中对于犹太历史却有着详细可靠的

记载，远远超过其他民族的古史书；它不是由一人在一时一地写成的，而是经过四十多位不同职业、背景、学识的人，在三大洲，用三种语言历经了1 600年才完成的。《圣经》被译成两千多种语言，拥有全世界最广泛的读者群。从第一卷《创世纪》到最后一卷《启示录》，内容前后连贯，一脉相通，堪称奇迹。

最大的综合性丛书——《四库全书》

人类历史上最大的综合性丛书是中国清代的《四库全书》。1773年，乾隆皇帝命令在北京开设四库全书馆，任命六皇子永溶等16人为总裁，大臣纪昀、陆锡熊为总纂，总裁以下官员共三百六十多人，其中包括当时大量的学者，另外还有抄写人员3 826人。经过10年的努力，到1782年（乾隆四十七年），《四库全书》终于编纂完成。《四库全书》规模宏大，收录图书三万六千多册，七万九千多

卷，约8亿字，包容历史、文学、哲学、社会科学、自然科学等方方面面的内容。《四库全书》的编纂，对于整理和总结中国古代文化遗产具有重大的意义。但在修订期间，编纂者对于不利于清朝统治的内容进行了不少篡改和删削。因此，《四库全书》的编纂过程也是某种程度上对古代文化的一种摧残。

影响最大的现代百科全书——《大英百科全书》

《大英百科全书》又叫《不列颠百科全书》，是世界上影响最大的一部百科全书。《大英百科全书》创始于1768年，它的内容涵盖了政治、经济、哲学、文学、艺术、社会、语言、宗教、民族、音乐、戏剧、美术、数学、物理、化学、历史、地理、地质、天文、生物、医学、卫生、环保、气象、海洋、新闻、出版、电视、广播、广告、军事、电脑、网络、航空、体育、金融等二百多个学科。1974年出版了第15版，共30卷，收录条目达106 207条。共有四千三百多位专家、学者参加了这部书的编写，他们来自一百三十多个国家，都是学术领域的权威人物，其中还包括一百多位诺贝尔奖的获得者。目前，这本书被翻译成法、西、日、葡、希、中、韩等十多种文本出版。《大英百科全书》作为一部历史悠久、享誉世界的权威性、学术性综合百科全书，被奉为百科中的"楷模"。

人物最多的小说——《水浒传》

《水浒传》是我国著名的长篇章回体小说，成书于元末明初，是我国古典四大名著之一。《水浒传》主要描写了宋朝时在宋江的带领下，梁山好汉们"替天行道"的传奇故事。书中揭露了统治者的腐朽和残暴，塑造了宋江、武松、林冲、鲁智深等英雄人物。《水浒传》这部小说具有很强的影响力。据统计，该书主要人物有 108 位，但全书中描写的人物，有名有姓的有 577 位，有名无姓的有 9 位，无名有姓的有 99 位，书里提到而没有出场的有 102 位，共 787 位，在中外小说史中它是描写人物最多的小说。

影响力最大的推理小说——《福尔摩斯侦探集》

推理小说因其情节曲折，充满悬念而受到各阶层的喜欢，就连伟大的科学家爱因斯坦也曾在《物理学的进化》中提及《福尔摩斯侦探集》，可见推理小说的影响力多么大。《福尔摩斯侦探集》是英国作家柯南道尔的代表作，虽然家喻户晓，但它并不是世界上最早的推理小说。大家公认的美国诗人、作家、新闻记者爱德加·爱伦·坡的推理小说要早于柯南道尔，爱德加·爱伦·坡所著的推理小说中，《黑猫》《莫尔街凶案》等都十分出名。

最早有明确日期记载的印刷物——《金刚经》

《金刚经》是世界上最早的有明确日期记载的印刷物。《金刚经》是我国唐代的雕版印刷品，距今已有一千多年的历史了。《金刚经》全称是《金刚般若波罗蜜经》，全文有 5 400多字，是大乘佛教的经典。这本《金刚经》的卷首有一幅释迦牟尼“说法”的图画，其余是经文的内容，卷末有“咸通九年四月十五日王介为二亲敬造普施”的题记。《金刚经》雕版刀法纯熟，全卷印刷精美，墨色均匀，这表明当时的印刷技术已经很成熟了。而欧洲最早的雕版印刷品《圣克利斯菲尔》画像的出现要比《金刚经》晚了近600年。1899年《金刚经》被发现在敦煌莫高窟中。1907年被英国人斯坦因盗走，现存于英国伦敦大英博物馆。

最大的词典——《牛津英语词典》

《牛津英语词典》是迄今为止世界上最大的一部词典。它是牛津大学出版社出版的词典，这部词典初版于1884年~1928年间，主要编辑是詹姆斯·默里爵士。《牛津英语词典》含有414 825个词条和近200万条实例。1933年再版时改成了现在的名称，总共有12卷。1989年，出版社又出版了《牛津英语词典》的第二版，共20卷，其中包含了原有的12卷正本和4卷补遗的内容。另外，一些有时代特色的新词和新的实例随着版本的改进也在不断补充进来。1991年，牛津大学出版社又将第二版的20卷按比例缩印成了一卷，极大地方便了读者的购买和携带。随着科技的日益发展，牛津大学出版社又将《牛津英语词典》制成了光盘，并为读者提供了新的检索方式。

最古老的大型乐器——编钟

中国的编钟是世界上最古老并且保存最完好的大型乐器，其中以战国早期的曾侯乙墓中发掘出土的编钟为最。这套编钟共65件，重2 500千克，都是青铜铸造的，全套编钟制作精细，气势雄伟，音质纯正、音色优美、音域宽广。这套编钟虽然在地下埋藏了2 400年，但音乐性能至今良好，现在仍能演奏古今各种乐曲。编钟这种古老的乐器，被誉为

"世界奇观中独一无二的珍宝""古代世界的第八大奇迹"。编钟凝聚着中国古代劳动人民的智慧，是我国古代科学技术的结晶，不愧是中华民族文化艺术瑰宝。